Collection « L'esprit économique »

fondée par Sophie Boutillier et Dimitri Uzunidis en 1996
dirigée par Sophie Boutillier, Blandine Laperche, Dimitri Uzunidis

Si l'apparence des choses se confondait avec leur réalité, toute réflexion, toute Science, toute recherche serait superflue. La collection « L'esprit économique » soulève le débat, textes et images à l'appui, sur la face cachée économique des faits sociaux : rapports de pouvoir, de production et d'échange, innovations organisationnelles, technologiques et financières, espaces globaux et microéconomiques de valorisation et de profit, pensées critiques et novatrices sur le monde en mouvement...
Ces ouvrages s'adressent aux étudiants, aux enseignants, aux chercheurs en sciences économiques, politiques, sociales, juridiques et de gestion, ainsi qu'aux experts d'entreprise et d'administration des institutions.

La collection est divisée en six séries :

Dans la série *Economie et Innovation* sont publiés des ouvrages d'économie industrielle, financière et du travail et de sociologie économique qui mettent l'accent sur les transformations économiques et sociales suite à l'introduction de nouvelles techniques et méthodes de production. L'innovation se confond avec la nouveauté marchande et touche le cœur même des rapports sociaux et de leurs représentations institutionnelles.

La série *Economie formelle* a pour objectif de promouvoir l'analyse des faits économiques contemporains en s'appuyant sur les approches critiques de l'économie telle qu'elle est enseignée et normalisée mondialement. Elle comprend des livres qui s'interrogent sur les choix des acteurs économiques dans une perspective macroéconomique, historique et prospective.

Dans la série *Le Monde en Question* sont publiés des ouvrages d'économie politique traitant des problèmes internationaux. Les économies nationales, le développement, les espaces élargis, ainsi que l'étude des ressorts fondamentaux de l'économie mondiale sont les sujets de prédilection dans le choix des publications.

La série *Krisis* a été créée pour faciliter la lecture historique des problèmes économiques et sociaux d'aujourd'hui liés aux métamorphoses de l'organisation industrielle et du travail. Elle comprend la réédition d'ouvrages anciens, de compilations de textes autour des mêmes questions et des ouvrages d'histoire de la pensée et des faits économiques.

La série *Clichés* a été créée pour fixer les impressions du monde économique. Les ouvrages contiennent photos et texte pour faire ressortir les caractéristiques d'une situation donnée. Le premier thème directeur est : mémoire et actualité du travail et de l'industrie ; le second : histoire et impacts économiques et sociaux des innovations.

La série *Cours Principaux* comprend des ouvrages simples, fondamentaux et/ou spécialisés qui s'adressent aux étudiants en licence et en master en économie, sociologie, droit, et gestion. Son principe de base est l'application du vieil adage chinois : « le plus long voyage commence par le premier pas ».

ESCRONOMISTES !

5-7, rue de l'École-Polytechnique, 75005 Paris

http://www.editions-harmattan.fr

ISBN : 978-2-14-029733-5
EAN : 9782140297335

Jean Latreille

Escronomistes !

Ces théories qui abîment le monde

L'Harmattan

Du même auteur

Mon professeur bien hai…mé (ou pourquoi on aurait tort de dire du mal de l'enseignement et de ceux qui s'en chargent), Éditions L'Harmattan, 2001, 176 pages

Merci les pauvres ! Éditions L'Harmattan, 2018, 193 pages

Cinoche et Société. Les intuitions sociologiques du cinéma populaire, Éditions L'Harmattan, 2019, 291 pages

Sale temps pour l'économie marchande, Éditions L'Harmattan, 2021, 198 pages

SOMMAIRE

Graphiques et encadrés

Introduction

De si doux mensonges…

L'analyse économique a quelque chose d'hypnotisant. Il n'est pas facile de se soustraire à l'emprise d'une telle science. Sur le fond, les sciences économiques fascinent, car elles nous plongent au cœur de ce qui obsède l'humanité depuis si longtemps : la richesse, ou plus exactement ce qui en fait office aux yeux du monde, à savoir essentiellement l'argent qui achète presque tout. Dans sa forme, l'économie multiplie souvent les effets de style et les raisonnements élégants, complexes et aux apparences incontestables. Au fond, faire de l'économie, c'est parler de façon impressionnante de problèmes fascinants. Il n'y a pas mieux pour briller en société.

Quand je me présente auprès de personnes qui ont fait de belles carrières, je sais que mon statut de professeur ne joue pas en ma faveur. Qu'importe : il me suffit d'ajouter que j'enseigne l'économie pour qu'on me prête soudainement une oreille attentive. Car je fais partie de ceux « qui savent » comment fonctionne la grande machine productrice de richesses. On envie les experts en économie, car ils sont comme ces pâtissiers qui comprennent toutes les réactions chimiques qui se produisent lorsqu'ils combinent des ingrédients en un somptueux gâteau. Les économistes, qu'ils aient fait fortune ou pas, sont un peu plus encore que des prophètes du veau d'or : ils savent expliquer comment et par quels mécanismes les activités humaines peuvent mener, in fine, à l'enrichissement de tous et de chacun.

Étudier l'économie consiste donc, en quelque sorte, à être pris en otage par des ravisseurs qui ne veulent que votre bien. Il n'y a aucune raison de se révolter contre ses enseignants en économie. Car ils ont la générosité de vous offrir, à défaut des richesses les plus rares, le mode d'emploi pour les produire en quantités illimitées. Oui, *illimitées*. Les économistes sont des magiciens qui tirent de leurs chapeaux tout ce qui fait rêver les enfants : non seulement des pigeons et des lapins, mais encore des steaks de bœuf saignants à volonté, des équipements ménagers, des matériels ultrasophistiqués de communication et de transport, des biens manufacturés et des services de divertissement en quantité suffisante pour vous occuper plusieurs vies durant.

Qui ne ferait pas crédit à un économiste de sa bonne volonté ? Qui leur reprocherait de chercher à comprendre comment accroître le bien-être de l'humanité ? À part les médecins, auxquels on les compare parfois, qui s'occupe aussi attentivement de notre bonne santé matérielle ?

J'ai été pendant trente ans l'otage, voire le complice, de cette communauté de pensée et je viens ici, aujourd'hui, témoigner contre elle. J'ai enseigné, en lycée et à l'université, les grandes lignes directrices de la pensée économique dominante. Il se raconte, dans les cercles dirigeants du monde économique, que l'enseignement de l'économie en France est un peu trop orienté politiquement. Trop anti-marchés, trop anti-entreprises, trop marxiste, trop à côté de la plaque, à vrai dire. Il se murmure à voix de plus en plus haute que l'on ne risque certainement pas de faire émerger les futurs Bill Gates dont notre pays a besoin avec une telle formation en Sciences Economiques, dont on se demande bien pourquoi la marier avec les sciences sociales, si ce n'est pour faire plaisir à ceux qui croient que Marx fut un peu plus qu'un simple historien de la lutte des classes.

Un rapide coup d'œil aux programmes de Sciences Economiques (et Sociales, donc) devrait pourtant rassurer les défenseurs des courants dominants en économie. La place, qui fut faite pendant plusieurs années à des penseurs critiques comme Karl Polanyi ou Thorstein Veblen, a été largement laissée aux théories dominantes. Exit en particulier l'étude de la culture, et place aux actions individuelles. Désormais, nos élèves sont incollables sur les mécanismes de formation des prix en situation de marché parfaitement ou imparfaitement concurrentiel. Et si on leur présente les limites des mécanismes marchands ou de la croissance marchande, on leur offre également les moyens de remédier à de telles insuffisances. Les économistes ont toujours un coup d'avance sur leurs contradicteurs et savent comment remédier aux problèmes engendrés par leurs propres préconisations. Avec un diplôme de spécialité SES en poche, n'importe quel futur chef d'État aura les grandes lignes d'action d'un programme d'économie standard, néoclassique, keynésien ou schumpetérien[1].

Or, l'économie a beau jeu de s'appuyer sur quelques courants de pensée passionnants ayant pignon sur rue, on dispose désormais de trop de certitudes sur les conséquences délétères de leurs prémisses et conclusions principales. Et c'est pour cette raison que nous devons nous libérer des chaînes de ces théories aux atours si séduisants. Les économistes savent peut-être tout sur la mécanique de la grande machine productrice de richesses. Mais, pour notre plus grand malheur, ils ne savent pas qu'elle nous entraîne à coup sûr vers un « monde merdique » (pour parler comme le sergent instructeur dans *Full Metal Jacket* de Stanley Kubrick).

Que produisons-nous vraiment ?

Cet avenir inquiétant, l'humanité en a depuis quelques années une idée très précise. Car d'autres scientifiques venus d'autres horizons, mieux armés que ne le sont les économistes pour prévoir les évolutions physiques du

---

[1] Que mes lecteurs totalement néophytes en économie aient la gentillesse de patienter quelques pages avant que je leur décrive les différents courants de pensée en économie. Ce livre a pour ambition de transmettre au commun des mortels (de langue française) une « trousse de survie » en matière économique.

monde, nous le disent avec un peu plus de force chaque année depuis la sortie du rapport Meadows en 1972. En synthétisant l'ensemble des études faites dans le monde sur notre avenir climatique, les experts du GIEC sont désormais formels : notre humanité ne supportera plus très longtemps un tel système *destructeur des véritables richesses* que sont nos ressources naturelles, le climat et la biodiversité.

Car voilà quelle est la première grande escroquerie de nos spécialistes de l'enrichissement : avoir réussi à *invisibiliser tout ce que le système économique produit comme déchets.* Par un joli tour de passe-passe dont ils sont coutumiers, ils ont réussi à transformer ces déchets en de nouvelles opportunités de profits. Les résidus rejetés par le système industriel sont transformés en « matières premières secondaires », et par la grâce d'une mégamachine de transformation productive jamais en panne d'imagination, des déchets retrouvent une deuxième vie et verdissent la croissance.

Mais les déchets ont une définition peu connue du grand public : celle d'être de la matière à forte entropie. Ce qui signifie, pour faire simple, qu'en toute fin d'existence, un déchet digne de ce nom n'est plus du tout utilisable et ne peut plus prendre une autre forme que la sienne propre. En clair, il ne retrouvera plus jamais l'un des états qu'il a connus auparavant. L'entropie est le lot de tout ce qui vit : nous nous « évaporons » peu à peu et nous nous destinons lentement mais sûrement à redevenir poussière. Entre le « rien » que nous fûmes et celui que nous serons de nouveau un jour, il s'est produit une croissance magique que l'on nomme la vie. Mais elle n'est due qu'au fait que l'on a transformé des matières de basse entropie (nos aliments) en matière de haute entropie (nos cellules qui s'usent inexorablement). Or, le processus de transformation économique tel qu'il est présenté par les escronomistes commence toujours trop tard et se termine bien trop tôt.

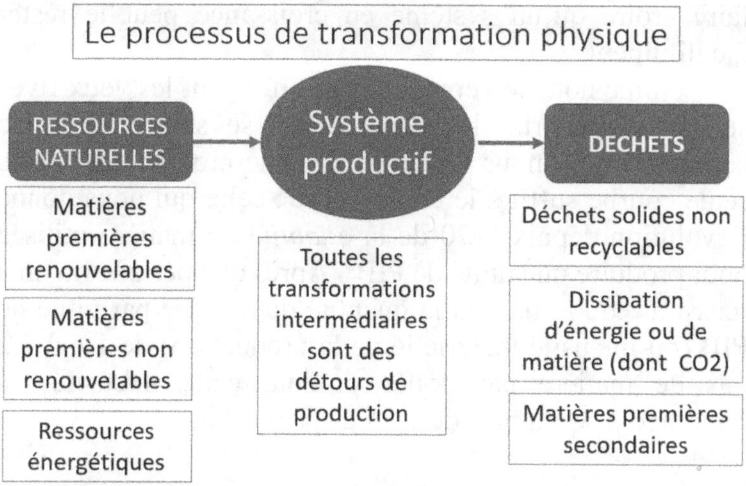

Voici comment fonctionne *pour de vrai* notre système économique : il use des ressources facilement utilisables et les transforme en déchets inutilisables : microparticules de matériaux multiples (acier, cuivre, or, molécules de plastiques, etc.) et surtout déchets gazeux dont beaucoup contribuent au réchauffement climatique (CO^2, méthane, protoxyde d'azote…). Ces déchets, que leur petitesse rend invisibles, sont la preuve de notre passage sur terre. Comme le résume très bien Baptiste de Monsaingeon : *« En cherchant à faire disparaître les déchets, c'est comme si nous nous étions efforcés d'effacer les preuves tangibles de l'insoutenabilité de nos modes de vie et de production ».*

Les économistes sont donc les premiers responsables de l'invisibilisation de notre responsabilité dans cette production massive de déchets polluants. Mais cette première escroquerie peut être considérée, à la rigueur, comme juste esthétiquement immorale, comme le serait un gros paquet de poussière caché sous le joli tapis de la science économique. En revanche, elle cache une escroquerie majeure, bien plus grosse encore, la mère de toutes les escroqueries économiques : celle qui consiste à faire croire qu'un système en croissance peut le rester indéfiniment.

Comme nous le verrons, parce qu'ils ont les yeux rivés sur les seuls prix, les économistes se sont interdit de comprendre où nous mène un système croissanciste. Une seule courbe suffit à le comprendre : celle qui nous donne l'évolution depuis 1970 de la *quantité* de matière utilisée pour produire une unité de PIB[2]. Après une période où on a réussi à réduire un peu la quantité de matière par unité de PIB (ou intensité matérielle de la production) de 1,6 à 1,2 kgs de matière par dollar produit, cette intensité est remontée jusqu'à près de 1,4 kgs par dollar.

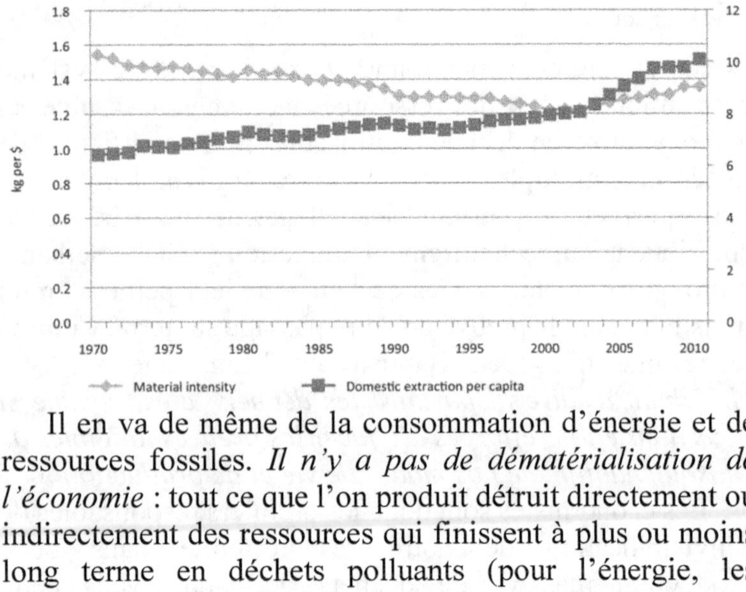

Il en va de même de la consommation d'énergie et de ressources fossiles. *Il n'y a pas de dématérialisation de l'économie* : tout ce que l'on produit détruit directement ou indirectement des ressources qui finissent à plus ou moins long terme en déchets polluants (pour l'énergie, les principaux déchets produits sont les gaz à effets de serre).

Or, si l'on regarde comment évolue le PIB mondial, il augmente indéfiniment sous la pression d'une consommation de ressources énergétiques qui croît exactement au même rythme. Bien sûr, même si elle ne profite pas à tous, nous savons faire de la croissance. Mais

---

[2] Source : Programme des Nations Unis pour l'Environnement (UNEP)

nous ne savons la faire advenir que d'une seule façon : en prélevant toujours plus de ressources naturelles et en produisant toujours plus de déchets. Or, c'est bien l'existence de ces déchets ultimes qui est en train de nous empoisonner l'existence et de modifier définitivement nos environnements. Autant de conséquences qui se retournent contre toutes les formes de vie sur terre, y compris la vie humaine.

Mais, jusqu'à présent, notre système a réussi à croître et à s'améliorer sans cesse, et souvent de façon spectaculaire, car les « décharges » qui récupéraient nos déchets n'étaient pas pleines (atmosphère, forêts, océans, terres, organismes vivants, etc.). Nos capacités de production sont hallucinantes, sans commune mesure avec celles de nos ancêtres des sociétés préindustrielles. Nous avons atteint des niveaux de richesses collectives en certains endroits du monde qui défient l'imagination et le simple bon sens : on ne parvient même pas à visualiser la quantité totale et la masse d'objets accaparés par un ménage occidental aisé. On les visualise d'autant moins qu'une grande partie, comme on l'a dit, repart presque instantanément de son domicile sous forme de déchets dont jusqu'à présent notre environnement s'accommodait tant bien que mal.

Ainsi, nous raisonnons comme dans la vieille blague du gars qui était persuadé d'être éternel : « Jusqu'à aujourd'hui, se dit-il, mon projet se déroule exactement comme prévu ». Jusque-là, en effet, notre système économique est parvenu à enrichir de façon croissante tous ceux qui y ont consacré toute leur énergie et une bonne partie de l'énergie facilement exploitable, et à coût réduit, fournie par notre environnement naturel. Soyons clair : cela n'est absolument pas la preuve que notre système croissanciste a de beaux jours devant lui, pas plus que les prothèses et autres avancées de la médecine ne prouvent que l'on vivra un jour éternellement, au prétexte que jusqu'à présent l'espérance de vie n'a fait que croître dans la plupart des sociétés opulentes. Car il existe des seuils infranchissables, que cela nous plaise ou non. Et la blague du gars qui rêvait d'être éternel risque de virer à sa version « sanglante » : celle du gars jeté dans le vide du haut d'une immense tour et qui se dit, arrivé au niveau du premier étage : « Jusque-là, tout va bien ». Désormais, notre humanité, en termes d'espérance de survie et de chances d'améliorer le sort du plus grand nombre, approche dangereusement du « premier étage ».

À cette question du mensonge sur la perpétuation d'un système dont on sait depuis au moins 50 ans qu'il est en sursis et qu'il menace nos conditions de vie sur terre, s'ajoute un grand nombre d'escroqueries annexes que nous allons évoquer en détail. Elles sont toutes très importantes, car elles structurent et polluent nos imaginaires colonisés par les théories économiques, comme le dit Serge Latouche. Il en est ainsi de l'immense escroquerie de la productivité, de celle concernant l'amélioration sans limites des facteurs de production, de celle sur les salaires, de celle sur la réduction des inégalités, et surtout de celle sur les innovations. Ce sont toutes ces escroqueries que je vais tenter de résumer pour vous, afin que vous puissiez comprendre à quel point nous sommes les otages des escronomistes.

L'efficacité des marchés est sans doute le mensonge qui a été le plus attaqué par les économistes de toute obédience, y compris des économistes américains fascinés par les mécanismes du marché. Si je le place en préalable de la liste des escroqueries auxquelles je veux régler leur compte, c'est parce qu'il me semble déjà réglé par des auteurs tels que James Galbraith, Joseph Stiglitz ou Jacques Généreux. On doit aussi à Steve Keen une déconstruction théorique en règle du modèle néoclassique. Il y aurait d'autres critiques à faire, mais les 7 mensonges principaux sont les suivants.

LES 7 MENSONGES DES ESCRONOMISTES

Préalable/ Des marchés bien régulés assurent une parfaite allocation des ressources.

1/ La division du travail et les innovations sont les principaux facteurs de production.

2/ L'investissement dans le progrès technique permettra une croissance sans limites

3/ Les gains de productivité permettent d'économiser les ressources.

4/ Les salaires dépendent de la productivité individuelle qui augmente avec la formation et la qualification.

5/ Le secteur financier et l'endettement sont indispensables pour financer la production.

6/ Il faut se préoccuper des besoins présents avant de penser aux dégâts futurs.

7/ La croissance est indispensable pour réduire les inégalités et préserver l'environnement.

Précisons que l'on ne peut objectivement traiter quelqu'un d'escroc que s'il ment délibérément à ses victimes. Or, nous verrons que certains des premiers économistes se sont pris de bonne foi au piège de leurs propres mensonges. Mais il se trouve que quelques-uns d'entre eux n'ont jamais été dupes de leurs promesses insensées, en particulier Thomas Malthus et John Stuart Mill. De nos jours, il faut être totalement aveugle aux conséquences environnementales de la croissance économique pour ne pas les prendre au sérieux. Or, c'est parce que les modèles théoriques dominants en économie n'ont presque pas évolué depuis 50 ans qu'on peut commencer pour de bon à envisager l'hypothèse d'un mensonge maintenu sciemment et par conséquent, d'une sorte d'escroquerie en bande organisée.

Le marché, ça ne marche pas

Pour les laudateurs du marché, ceux qui lui prêtent des vertus remarquables, la marchandisation croissante des activités est un moteur de croissance d'une efficacité redoutable. Chaque fois qu'une activité non marchande passe au marché (en particulier, les activités domestiques : cuisine, coiffure, soutien scolaire, etc.) les revenus distribués augmentent. Monétariser des activités, c'est toujours créer des emplois nouveaux et augmenter le PIB (ou l'inverse, ça marche aussi).

Il est même fréquent que l'existence d'un marché permette à des intermédiaires de se glisser entre le producteur initial et le consommateur final pour capter au passage une partie de la richesse créée : publicitaires, grossistes, grands magasins, conseillers clientèle, experts en culture client, on ne manque pas de ces professionnels qui prospèrent en parasitant les échanges marchands, avec la ferme conviction, réelle ou supposée, d'apporter une vraie plus-value à la qualité des échanges concernés.

Ainsi, sauf à rechercher l'appauvrissement monétaire de nos sociétés, il est incompréhensible, pour les défenseurs du marché, de s'attaquer à un tel système, qui a fait la preuve de sa capacité à être créateur de richesses comme jamais on n'avait réussi à le faire depuis l'aube de l'humanité.

Face à eux, les courants critiques du marché doivent être décomposés en deux catégories :

1/ *Ceux qui pensent que le marché pourrait marcher mieux.* Il s'agit en particulier de tous ceux qui travaillent sur les imperfections du marché. Arthur Cecil Pigou, théoricien des externalités négatives et de la taxe pollueur-payeur, est le plus emblématique d'entre eux. Selon lui, il est possible d'améliorer les performances du marché en intégrant aux prix de vente les coûts qui ne sont pas payés "normalement" par le producteur, en particulier ceux qui couvrent la réparation des dégâts provoqués par son activité de production.

Ainsi, s'il devenait coûteux de polluer, les producteurs seraient incités à modifier le processus de production pour en trouver un autre, moins polluant et à meilleur coût.

Joseph Stiglitz, de son côté, a étudié les asymétries d'information qui donnent à certains agents la possibilité de modifier le prix du marché en leur faveur. L'exemple le plus connu est celui des voitures d'occasion, dont la fixation du prix est perturbée par le manque de transparence des vendeurs de véhicules sur l'état réel de leur voiture. Seul un mécanisme de certification (labels, garantie apportée par un garage...) peut permettre de pallier ce type de dysfonctionnement du marché. De plus, Stiglitz a montré que la croissance des inégalités réduit l'efficacité des mécanismes marchands. Une autre façon de dire qu'avec moins d'inégalités, on pourrait créer plus de richesses marchandes. Donc, de sauver la croissance.

2/ *Ceux qui pensent que le marché ne marchera jamais.* Ceux-là affirment que le marché porte en lui des mécanismes destructeurs de ressources naturelles et de relations humaines. Jacques Généreux fait partie des économistes qui ont fait la critique la plus aboutie et la plus complète des incapacités du marché à préserver nos sociétés de ses dégâts irréversibles. Il considère que la défense du marché est devenue un acte de croyance mystique, totalement irrationnel.

Évidemment, tous les objecteurs de croissance et autres décroissants sont convaincus que le marché (et son extension constante) est une des *causes* essentielles des dégâts environnementaux et ne pourra jamais faire partie des *solutions* permettant de faire face à cette dérive destructrice du vivant.

Dans leur idéal, seule la sortie du marché de nombreuses activités marchandes, et la suppression pure et simple de nombreuses autres, pourrait participer à l'émergence d'un monde moins prédateur de ressources rares, destructeur du climat et de la biodiversité. Évidemment, aucun accord n'existe entre eux sur la place qui pourrait être laissée aux activités encore soumises à la logique marchande.

Mais voyons ensemble, avant de fermer cette introduction, quels sont les noms de ces escronomistes dont nous allons dévoiler les supercheries.

Portraits d'escrocs en suspects ordinaires

Certes, la petite caste des économistes n'a pas brûlé à elle seule toutes les ressources émettrices de gaz à effet de serre, ni tué de ses propres mains les espèces disparues ou défriché les forêts pour artificialiser les sols. Un nombre considérable de gens ordinaires, soucieux de gagner de l'argent, d'entreprendre ou juste d'améliorer leur quotidien leur ont fourni des bataillons de bras armés prêts à tout pour transformer aveuglément la dernière ressource disponible en déchet ultime.

Cependant, les économistes ont toujours été les meilleurs conseillers des princes, des gouvernants et des populations, usant de ce pouvoir de séduction que j'évoquais en introduction. Et ce sont eux qui ont donné le feu vert à tout ce que nous n'aurions pas dû réaliser si nous nous étions sentis responsables des conditions de vie de nos descendants. Voilà en quoi ils peuvent être considérés comme responsables au premier chef de l'enlisement bientôt irréversible de notre humanité dans un modèle de production suicidaire.

Pour comprendre comment les escronomistes ont construit, tous ensemble, un cadre économique défaillant, nous allons devoir dessiner à grands traits les principaux courants de la pensée économique, ce qui est indispensable à la bonne compréhension du problème escronomique. Car aucun économiste n'est responsable à titre individuel des délires croissancistes de sa profession. Beaucoup d'économistes étaient même des gens très bien, de très grande valeur, à commencer par Adam Smith, le premier d'entre eux. La grande escroquerie économique est le fruit d'une longue histoire que je vous invite à suivre au long de ce livre, dans lequel vous allez voir se succéder les noms les plus prestigieux de la science économique. Et vous allez voir comment, en se construisant par paliers successifs, sur une période relativement courte, les écoles de pensée en économie (marxistes et keynésiens compris) ont élaboré un système qui ne pourra pas, et ne devra surtout pas fonctionner un siècle de plus. Notre machine économique, dans un monde respectueux de son environnement et préoccupé de l'avenir de ses enfants, devrait cesser de croître dès ce soir. Quoi qu'en disent les escronomistes.

Le schéma de la page suivante présente l'évolution de la pensée économique, en omettant toutes les pièces rapportées aux grands courants et surtout tous les économistes non conventionnels, dits hétérodoxes. Attention : Joseph Schumpeter, lui-même considéré il y a encore 40 ans comme un économiste « hérétique », ne l'est plus du tout en raison du renouveau des thèses schumpetériennes depuis 30 ans. Les économistes écologistes, institutionnalistes, régulationnistes ou décroissancistes, même s'ils ne sont pas si nombreux, n'apparaîtront pas ici. Car ils sont de ceux qui n'avalent pas facilement *"les mensonges de l'économie"*, comme le disait le grand John K. Galbraith.

Pour faire très simple, il coexiste actuellement quatre grands courants de pensée en économie : le courant néoclassique, le marxisme, le courant keynésien et les modèles de croissance schumpetériens. Le marxisme est le seul courant à être moins présent dans les universités d'économie que dans celles de sciences humaines (philosophie, sociologie et histoire, en particulier). Les trois autres courants ont pignon sur rue dans les grandes universités mondiales. S'il ne s'agissait pas de vulgariser en simplifiant, il faudrait bien sûr distinguer les marxistes entre eux, les néokeynésiens des postkeynésiens et les néoschumpetériens des schumpetériens historiques. Tout comme on pourrait distinguer les successeurs de Smith des théoriciens néoclassiques qui se revendiquent de ses écrits. La pensée de tous les grands économistes (y compris Léon Walras) fut bien plus riche que ce que les économistes standards en ont tiré comme enseignements.

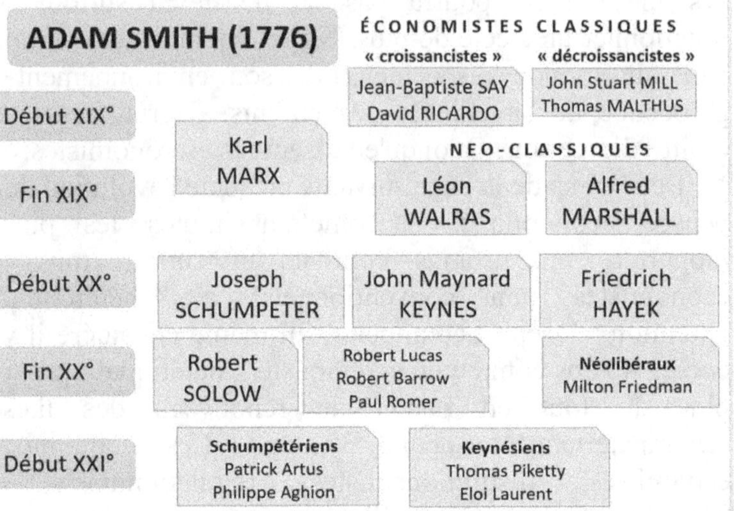

Les néoclassiques, à la suite du français Léon Walras, ont établi un modèle théorique d'équilibre des marchés qui occupe une place considérable depuis la fin du XIXe siècle dans l'enseignement de l'économie. Ce modèle économique vise à montrer que sur l'ensemble des marchés, l'offre et la demande peuvent s'équilibrer à condition qu'on laisse les prix s'ajuster librement dans un cadre bien régulé. Cet équilibre général walrassien a été si commenté qu'il a généré sa propre critique au sein du monde académique, dont la plus complète est due à Steve Keen. Et désormais, les impuissances et les défaillances du marché sont parfaitement identifiées par les économistes eux-mêmes : il n'est donc pas utile de revenir dessus.

Les défaillances du marché sont désormais si nombreuses et si connues qu'il semblerait même excessif de considérer l'équilibre général des marchés comme une escroquerie, puisque la mèche a été largement vendue.

Cependant, le fait que les autorités de la concurrence européenne se basent encore sur ce vieux modèle dépassé pour établir leurs politiques économiques en fait encore un bon candidat à l'escroquerie économique. Car les marchés ne marchent pas, en réalité, et l'intervention de l'État est à minima nécessaire pour sauver les meubles (et les profits). C'est le point de vue des néolibéraux (et des ordolibéraux allemands) qui cherchent depuis le début du XXe siècle à faire fonctionner les marchés réels en s'approchant au plus près du modèle théorique de concurrence pure et parfaite. Le néolibéralisme est une idéologie visant à imposer la domination des mécanismes marchands théorisés par la théorie économique néoclassique[3].

Cependant, le modèle néoclassique n'est pas qu'un simple modèle d'équilibre général visant à promouvoir la concurrence libre et non faussée. J'insisterai sur les mécanismes qu'il pose parfois comme des vérités absolues, des lois incontournables de l'économie qui, elles aussi, sont de véritables escroqueries. C'est le cas de la logique croissanciste et de l'amélioration constante de la productivité visant à créer des chocs d'offre positifs. Surtout, ce modèle néoclassique reste le fond commun de l'analyse économique des écoles keynésienne et schumpetérienne.

Les keynésiens ne cessent, depuis la sortie de la Théorie générale de l'emploi, de l'intérêt et de la monnaie, publiée par leur maître de Cambridge en 1936, de faire passer l'idée qu'une intervention de l'État bien ciblée peut stimuler une économie libérale défaillante. Or, le modèle keynésien, qui a désormais acquis ses lettres de noblesse dans les départements de macroéconomie du monde entier, est porteur lui aussi de quelques beaux mensonges, assimilables à des escroqueries. La plupart viennent du fait que, comme le marxisme, le keynésianisme a cherché avant

[3] Sur le néolibéralisme, cf. Il faut s'adapter, de Barbara Stiegler.

tout à établir les conditions d'existence d'un système productif plus efficace, et plus redistributif que le capitalisme libéral. Or, la question centrale de la croissance n'est nullement remise en cause par de telles écoles de pensée, comme nous le verrons.

Enfin, derniers arrivés (ou presque) sur le marché des idées en économie, les théoriciens schumpetériens de la croissance mériteraient la palme des escrocs en matière économique. Car leur modèle est le plus résistant aux modèles alternatifs : il est entièrement tourné vers la perpétuation d'un système prédateur et producteur de déchets en quantités croissantes et donc illimitées. Défenseurs des innovations comme moteur du système, les schumpetériens sont convaincus qu'elles contiennent toujours la solution aux problèmes qu'elles créent !

On ne croit pas ce que l'on sait

La destruction croissante des ressources, du climat et de la biodiversité (sans parler des dégâts sociaux et psychologiques) due à notre système productif atteint des seuils inquiétants. Il est temps de réfléchir sérieusement à ce qui ne tourne plus rond dans notre monde matérialiste fasciné par la richesse marchande. Je ne suis pas philosophe, climatologue, conseiller en développement personnel ou en dynamique des systèmes. Je ne suis qu'un simple enseignant en économie et ma seule contribution à la déstabilisation majeure que vivent nos sociétés sera d'essayer de faire comprendre comment nous en sommes arrivés là.

Les scientifiques de l'environnement, eux, sont effarés jusqu'au dégoût par l'incapacité des populations à entendre leurs constats alarmants. Quelque neurologue amateur s'en est mêlé pour expliquer pourquoi notre cerveau ne serait pas fait pour intégrer des informations aussi alarmantes. Mais le cerveau humain est d'une plasticité étonnante, ce que prouve l'extrême diversité des cultures locales. Une connaissance un peu approfondie des sciences humaines conduit à penser que l'inertie des sociétés et leurs évolutions lentes seraient plutôt liées à leurs systèmes de valeurs, qui ont besoin de temps pour changer. L'évolution des croyances est essentielle pour que les sociétés puissent se transformer, et cette évolution est forcément lente. Le striatum n'y est pas pour grand-chose. L'humanité choisit sa destinée, encore faut-il que chacun soit armé pour modifier ses représentations du monde.

Pour cette raison, il est temps de débarrasser nos sociétés d'un ensemble de contre-vérités qui sont directement responsables de notre acharnement à détruire notre propre environnement. Il s'agit des théories délétères et mortifères des escronomistes qu'il est de salubrité publique de déconstruire méthodiquement, point par point. Ce petit livre veut contribuer à ce travail essentiel pour que nos sociétés puissent enfin avancer vers un autre avenir, pas moins désirable, si on le regarde bien en face, que celui imposé par les escronomistes.

Comprendre les mensonges économiques est la condition préalable à l'émergence d'autres formes de vies sociales et productives, moins suicidaires. En espérant que toutes les compétences scientifiques ainsi libérées pourront alors se réinvestir dans la construction, théorique et concrète, d'un système productif respectueux du monde vivant. L'excuse de la bonne foi n'est plus recevable, désormais, de la part des économistes. Nul ne devrait plus jamais être tenu, en économie, de penser le monde sans prendre en compte l'impact destructeur des activités productives. Nul ne devrait pouvoir encore mentir en connaissance de cause.

Aucun économiste n'est tenu d'être un escroc. Il serait temps que les enseignants et les étudiants en économie en aient définitivement conscience.

Malthus, escroc ou pas escroc ?

Ça fait cinquante ans que plusieurs millions d'enfants de moins de cinq ans meurent chaque année. À la louche, le cumul atteint le demi-milliard. On sait bien qu'une mort est un drame et qu'autant de décès n'est qu'une statistique, mais tout de même : où étaient les ressources qui les ont empêchés de vivre ? Juste mal réparties ?

Cinquante ans aussi que près d'un milliard d'habitants, chaque année, sont mal nourris. Certains anti-malthusiens disent que c'est à cause de ceux qui prennent une trop grosse part et souffrent de surnutrition. Ce ne serait pas un problème de ressources alimentaires, affirment-ils. Pas sûr pourtant que le transfert des steaks hachés surconsommés dans les pays du Nord puisse réduire un jour cette deuxième statistique édifiante.

Cinquante ans également que l'on sait que l'on ne pourra de toute façon plus jamais offrir à l'ensemble des habitants de cette planète surpeuplée le niveau de vie considéré comme confortable par le milliard d'habitants privilégiés des pays riches. Et là, c'est bien par manque de ressources, si l'on veut en laisser suffisamment aux générations futures. Il suffit de voir la chute irrémédiable des retours sur investissement des principales exploitations de matières premières. Il faut de plus en plus de ressources pour se procurer des ressources. Cette boucle de rétroaction (ou cercle vicieux) ne peut que mal se terminer.

Cinquante ans enfin qu'on nous promet des technologies de rupture qui permettront de faire plus de pizzas avec moins de farine. Alors que toutes les technologies portées par les innovations ont provoqué dans le meilleur des cas un effet rebond de la consommation des ressources par la baisse de leur coût de production. Et dans le pire des cas, elles ont juste créé des besoins nouveaux qui s'ajoutent aux précédents et aggravent la prédation sur les ressources et les émissions de déchets.

Thomas Malthus (1766-1834), économiste austère et pessimiste, avait eu une intuition. Depuis 1972, les néo-malthusiens ont des preuves. Les anti-malthusiens n'ont qu'une croyance : l'économie croissanciste.

Chapitre Un

Comment les économistes ont abandonné les ressources naturelles

En suivant l'histoire de la pensée économique depuis le début, nous allons nous pencher sur le premier péché des escronomistes, celui qui affirme que *la division du travail et les innovations sont les principaux facteurs de production.* Cette affirmation remonte aux origines mêmes de la pensée économique et s'est construite progressivement jusqu'à servir de socle aux modèles les plus récents de la croissance. Mais reprenons l'histoire depuis son origine, si vous le voulez bien.

Au commencement était Adam

Pour comprendre quel fut le projet des économistes lorsqu'ils ont inventé ce qui était alors une vraie « science de la modernité », il suffit de s'arrêter sur le titre de l'ouvrage fondateur d'Adam Smith : Recherche sur la **nature** et les **causes** de la richesse des nations.

La nature de la richesse ? Vaste question, presque philosophique. On peut être riche de plein de choses, et les voies de la sagesse consistent souvent à dénicher la richesse là où elle apparaît le moins de façon spectaculaire : dans le déplacement gracieux d'un animal sauvage ou dans le sourire d'une personne que l'on chérit.

Mais les économistes ne sont pas des poètes. Et à l'époque de Smith, la question était surtout de savoir si la richesse était dans les hommes ou dans les métaux précieux. Car c'est bien jusqu'alors ce qui faisait la force d'un royaume : soit le nombre de ses sujets, qui déterminait les quantités agricoles produites ; soit le poids de l'or et de l'argent accumulé dans les coffres du trésor public (ce n'est pas par hasard si le mot Trésor désigne également l'ensemble des ressources de l'État).

L'originalité de Smith a été de mettre le doigt sur une sorte de richesse du 4e type : la valeur ajoutée. Certes, on ne la nommait pas encore ainsi, mais Smith avait compris que le système productif est cette immense machine capable de transformer des matières premières peu coûteuses en produits finis rémunérateurs selon un mécanisme qui ressemble à peu près à la figure suivante.

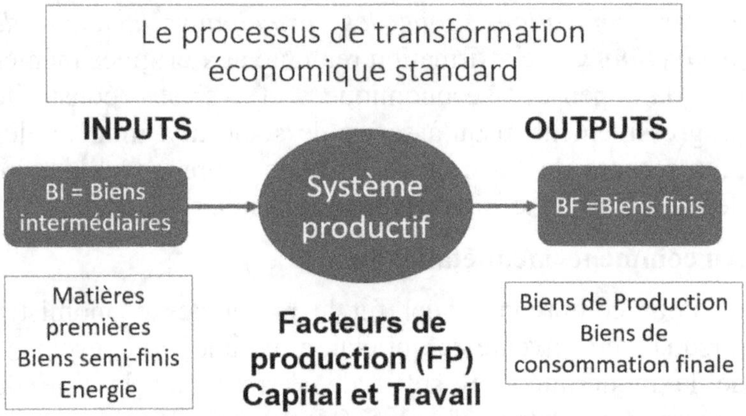

C'était une avancée considérable, pour l'époque. Car le poids des valeurs religieuses en Europe empêchait de voir la source de la création des richesses ailleurs que dans la production agricole. Seule l'œuvre de mère Nature, nom que de nombreuses religions donnent à la puissance divine, semblait, jusque-là, être à l'origine des richesses offertes aux hommes par la Providence. À condition quand même d'y mettre un peu de sueur, moins justifiée par la rude vie des champs que par la malédiction divine qui toucha Adam (l'autre, pas l'économiste) à la sortie du paradis perdu. Du coup, comme tout était produit à base d'énergie humaine, plus un pays avait de paysans, plus les greniers à blé et les fruitières étaient remplis, plus le roi considérait que son royaume était riche. Grâce à Dieu, donc, et pas aux économistes.

Certes, les précurseurs de l'économie, fervents amateurs d'or, ont bien essayé de convaincre leurs souverains que ce métal rare, de mauvaise réputation dans les textes bibliques, était tout de même assez précieux pour que l'on envisage son accumulation, cette dernière étant fort utile si l'on voulait que le Roi ou son Église exhibent des signes extérieurs de puissance et de richesses. De nombreux équipages, dont certains sont restés célèbres (ceux de Marco Polo, Magellan ou Christophe Colomb), ont été affrétés pour partir à la conquête d'Eldorados desquels on espérait revenir avec des soutes remplies jusqu'à la gueule de métaux précieux. Mais dès 1577, Jean Bodin avait mis en garde sur le caractère purement symbolique de la richesse sonnante et trébuchante. Non, décidément, pour la plupart des penseurs de l'économie (qui ne devinrent de vrais économistes qu'après Smith, en fait), il n'y avait *"de richesses, ni force que d'hommes"*. Et plus précisément : d'hommes qui produisent.

On ne trouve toujours pas un seul économiste contemporain, même technophile au plus haut degré, qui en douterait. Et les écologistes moins que les autres, eux qui savent que l'époque des ressources énergétiques sera bientôt révolue et qu'il faudra bien que les humains se débrouillent un peu plus souvent sans machines. Voici donc posé et bien posé notre premier facteur de production : le travail.

L'efficacité de la combinaison productive

Mais Adam Smith, le premier économiste digne de ce nom, n'a pas fait carrière en expliquant que le travail humain était la source de toute transformation du monde. Ça, les philosophes antiques l'avaient déjà remarqué. La nouveauté apportée par Smith dès son premier chapitre fut de s'interroger sur ce qui permet d'augmenter les « facultés productives » des travailleurs. Certes, il y avait bien les outils, qui en 1776 n'étaient pas encore des machines (on réservera ce terme pour les outils fonctionnant à l'énergie non humaine). Certes, les moulins tournaient déjà aux énergies renouvelables (essentiellement de l'eau et du vent), mais la plupart des outils non tractés par des chevaux étaient manuels. Et la question était de savoir : comment combiner le travail et le capital fixe (nom donné aux machines et aux outils par les économistes) de manière à produire plus efficacement ?

À cette question sur la façon de rendre le travail efficace, Smith a apporté une réponse définitive *: il faut diviser le travail*. Cette observation, que les philosophes des Lumières avaient entamée avant lui, est fondamentale pour comprendre comment on peut passer d'un niveau de production artisanale, avec des pièces uniques façonnées à la main, à une production industrielle standardisée, adaptée à une société en forte croissance démographique. Les sociologues, qui ne fonderont la science des faits sociaux qu'un siècle après que Smith a créé l'économie, reprendront cette idée qu'une société moderne, et nombreuse, ne peut fonctionner efficacement qu'en partageant les tâches au sein du corps social. En France, Émile Durkheim publiera en 1895 sa thèse sur La division du travail social, en se référant directement à La Richesse des Nations.

La trouvaille de Smith, celle qui assurera le succès de la science économique, est qu'une société importante ne peut vivre de façon opulente qu'en partageant le travail entre tous ses membres. Adam Smith part de l'exemple le plus trivial, déniché au hasard de la lecture de l'encyclopédie de Diderot : celui d'une manufacture d'épingles dans laquelle dix ouvriers exécutent ensemble environ 18 tâches élémentaires, nécessaires à la fabrication d'une épingle. À l'aide de calculs simples, Smith fait comprendre au lecteur qu'au lieu d'une ou deux épingles fabriquées par chaque ouvrier dans la journée, le partage des tâches permet d'en réaliser 48.000 à eux tous, soit l'équivalent de 4.800 épingles en moyenne par travailleur. Ce premier calcul, de ce qui ne s'appelait pas encore la productivité, mais juste « l'efficacité productive », posait les bases de ce qui devait devenir au fil des siècles l'obsession des économistes : la recherche de productivité.

Il est impossible de comprendre la façon de penser des économistes si on ne saisit pas l'importance majeure de cette idée fondatrice. Car elle est encore prédominante chez les schumpetériens qui tiennent le haut du pavé dans la science économique dominante, comme chez les keynésiens qui reviennent en force. Mais je m'attarderai plus tard sur chacun de ces grands courants de pensée. Chaque chose en son temps.

Revenons aux fondations posées par Adam Smith. En réalité, il existait trois sources de revenus, à l'époque d'Adam Smith : le travail, donc, qui rapportait des salaires aux travailleurs ; le capital, qui rapportait des profits aux entrepreneurs ; enfin la terre, qui rapportait des rentes aux propriétaires fonciers. Smith et ses proches successeurs, que l'on nomma par la suite les économistes classiques, s'interrogeaient sur la répartition du produit global (l'ensemble des revenus issus de la production) entre ces trois facteurs de production.

En revanche, si la terre était un facteur de production essentiel, en particulier pour la production agricole, les matières premières transformées étaient considérées comme n'étant pas l'objet d'étude de l'économie. Jean-Baptiste Say, économiste classique, l'avait écrit noir sur blanc : *"Les richesses naturelles sont inépuisables (...) Elles ne sont pas l'objet des sciences économiques"*, écrivait-il en 1803. C'était clair et sans appel.

De nos jours, cette seule citation suffit à expliquer pourquoi les ressources, renouvelables ou non, sont considérées comme de simples consommations intermédiaires par les économistes, et non pas comme des facteurs de production. Cependant, l'histoire de la pensée économique nous enseigne, comme nous l'avons dit, qu'à l'époque de Jean-Baptiste Say le débat faisait rage sur l'apport respectif du capital, du travail... *mais aussi de la terre*, à la création du produit global.

Il n'est pas aisé de comprendre comment les économistes ont pu par la suite établir des modèles de croissance d'où la terre avait mystérieusement disparu. Je vais vous révéler les secrets d'un joli tour de passe-passe.

Mince, la terre a disparu !

Cette mutation est involontairement due à un économiste oublié, Henry George, auteur en 1879 de Progrès et pauvreté, un ouvrage d'économie très populaire en son temps aux USA. Dans cet essai, il posa les fondements d'une doctrine qui préconisait l'impôt unique sur la terre.

Son raisonnement était le suivant : l'impôt sur le travail est le plus injuste puisqu'il est une désincitation à travailler, ce qui est moralement indéfendable et économiquement inefficace. De même, l'impôt sur le capital ne peut que saper les bases de la production industrielle et les fondements mêmes du capitalisme. L'impôt sur la propriété foncière, en revanche, ne fait que rétablir un peu d'égalité entre des héritages très inégaux dont certains tirent des rentes, aux dépens des autres.

Face au succès populaire du "georgisme", les propriétaires terriens ont décidé d'agir. Comme souvent aux États-Unis, le lobbying et l'argent ont fait merveille. Car c'est en finançant les grandes universités d'économie que les "barons voleurs", comme on les nommait parfois, ont réussi à faire disparaître la terre des facteurs de production, et avec elle les ressources naturelles.

À l'université de Columbia, dirigée par un grand négociant en soie, du nom de Seth Low, le département d'économie était présidé par un spéculateur foncier dénommé Richard Ely. Cette université a été le berceau de l'école néoclassique américaine, sous la direction de John Bates Clark. Idem à l'université de Chicago, présidée par

John D. Rockefeller de la Standard Oil, et futur berceau de l'école monétariste de Milton Friedman.

Tout ce beau monde avait à cœur de faire disparaître la terre des analyses économiques. Car en l'absence de propriété foncière dans les facteurs de production, il ne pouvait être question de taxer une cause d'enrichissement qui n'existait plus. La terre avait disparu des radars de la théorie économique dominante et n'était plus imposable.

Le crime parfait, en quelque sorte ? Pas si sûr. Car on vient de retrouver le cadavre de la victime, et il est en sale état. Il s'agit du climat, des ressources naturelles et de la biodiversité (sans compter l'état de nos sociétés et de nos démocraties, qui vont comme ci, comme ça). Mais n'anticipons pas. Reprenons notre histoire de la pensée où nous l'avons laissée. En cette fin de XIXe siècle dominé par la pensée économique néoclassique, il ne nous reste donc plus que deux facteurs de production : le travail et le capital. Karl Marx, par son analyse des rapports de production, avait renforcé, j'oserais même dire "démocratisé" l'opposition entre ces deux seuls grands facteurs de production. Pour produire, il fallait, selon tous les économistes : du travail et des machines, point barre. Les ressources naturelles n'étaient que des intrants (*inputs*) de peu de valeur que le système transformerait en *outputs* revendus avec une belle valeur ajoutée.

Mais au XXe siècle, un troisième facteur majeur et essentiel va émerger. Et on va le voir apparaître en premier sous la plume d'un économiste d'origine autrichienne : Joseph Aloïs Schumpeter.

Le rôle majeur des innovations

Schumpeter se pencha tout d'abord sur un problème qui ne pouvait pas intéresser les économistes classiques, et vous allez vite comprendre pourquoi : il s'agit des irrégularités de la croissance capitaliste. Or, après plus d'un siècle de croissance capitaliste, il devenait enfin possible de faire le constat, avec quelques statisticiens chevronnés, que la variation des prix des biens produits n'était pas régulière et se produisait de façon cyclique, alternativement à la hausse et à la baisse. Au début du XXe siècle, les outils de mesure de l'activité économique n'étaient pas encore nombreux (il n'y avait même pas de comptabilité nationale, qui émergera lentement, de 1930 à 1950 en partie grâce aux travaux de Simon Kuznets[4]). Mais l'on pouvait facilement établir des relevés de prix. Or, l'évolution de ceux-ci, comme les économistes l'ont vite compris, était un assez bon indicateur de l'évolution des quantités produites. En période de crise, quand les produits ne se vendent pas, les prix ont tendance à baisser. En revanche, en période de reprise, la demande augmentant toujours plus vite que l'offre, cela fait monter les prix. Vous avez bien lu : *quand tout va bien, les prix ont tendance à augmenter* (inflation) et à ne baisser (déflation) qu'en période de crise. Ce lien, qui a été inversé une première fois au cours des chocs pétroliers des années 70 et qui l'est définitivement en cette première moitié du XXIe siècle, était fréquent durant les deux premiers siècles de croissance capitaliste.

Schumpeter a donc cherché à comprendre le mécanisme qui ralentissait l'activité et qui la faisait repartir en période de reprise. Et il l'a trouvé à travers l'étude de l'évolution du *progrès technique*, qu'il définissait comme l'ensemble des innovations. Selon ce professeur d'économie, contemporain de Keynes, le progrès technique surgit par phases, avec des innovations qui émergent en grappes, tirées par une innovation majeure. Tout cela stimule à la fois la demande et l'offre, et surtout améliore considérablement *l'efficacité des facteurs de production.* Oui : l'efficacité productive, celle-là même que Smith augmentait par amélioration de la division technique du travail. Schumpeter affirmait pour sa

---

[4] Les travaux statistiques de Kuznets seront également à l'origine des études sur les inégalités, dont nous reparlerons au dernier chapitre.

part en 1942 que toutes les innovations, parmi les cinq formes qu'il identifiait, sont source d'amélioration de la productivité. Or, en faisant produire mieux et moins cher, elles font produire plus.

Certes, Schumpeter comprend que les périodes de ralentissement économique sont sans doute dues à l'émergence d'entrepreneurs suiveurs, peu innovants, qui vont tenter de s'approprier, par imitation, les rentes tirées de l'innovation à l'origine du cycle de croissance. Pendant cette période, la coexistence d'entreprises émergentes, porteuses de progrès technologique, et d'entreprises aux produits et aux méthodes de production obsolètes lui fera parler de *destruction créatrice* : de jeunes pousses émergent pendant que les entreprises dépassées technologiquement disparaissent. Mais, quoi qu'il en soit, Schumpeter pose les bases de la plus grande escroquerie économique de tous les temps : l'idée que la croissance de la production est sans limites, puisqu'elle ne repose fondamentalement sur rien d'autre que sur la capacité des agents économiques à innover. Vous ne voyez pas venir l'arnaque ? Patience…

Une cause aux origines incertaines

Schumpeter a eu assez peu d'audience de son vivant, écrasé par l'ombre portée du très grand, du génial John Maynard Keynes. Celui-ci, on le verra, avait élaboré une théorie justifiant l'intervention de l'État dans la reprise de l'activité économique. Sa théorie a largement éclipsé les écrits érudits et les analyses passionnantes du professeur Schumpeter, pendant de nombreuses années après sa mort.

Mais les travaux de Robert Solow dans les années 1950, sur la mesure de la croissance économique, vont progressivement redonner de l'audience aux thèses schumpetériennes. En effet, Robert Solow s'applique, par le calcul, à décomposer la croissance observée en plusieurs éléments connus. Il s'appuie donc sur les thèses dominantes en économie : il est évident, pense-t-il, que si la quantité de facteur travail a augmenté de 10% sur une période, cela devrait expliquer une hausse de 10% des quantités produites. Certes, il est possible que la productivité de ces 10% de travail supplémentaire soit plus (ou moins) forte que celle des travailleurs précédents. Mais il garde cette idée de côté. Il pose que si on double, ou si on augmente d'une quantité quelconque le volume de travail utilisé, la production devrait suivre dans les mêmes proportions.

Il applique ensuite le même raisonnement aux machines (ou au capital technique) : leur hausse matérielle (disons à nouveau de 10% supplémentaire) devrait également expliquer une hausse de 10% de la production. Avec 10 % de machines en plus, on devrait pouvoir produire 10 % de produits supplémentaires.

Ces hausses des deux grands facteurs de production, en quantités physiques (heures de travail et nombre de machines) expliquent une forme de croissance que les économistes nomment **la croissance extensive**, ou croissance par extension des facteurs de production. Mais le constat statistique de Solow affichait un résultat troublant : la hausse statistique *des quantités de facteurs de production sur longue période n'expliquait pas toute la croissance de la production.* Dit autrement : le PIB augmentait nettement plus vite que l'accroissement des facteurs de production utilisés.

En fait, il n'y a là rien de très étonnant, pour un économiste aguerri : car on sait depuis Smith que *l'organisation des facteurs de production peut contribuer à produire plus efficacement*. Ainsi, Solow va considérer que la part de la croissance économique qui n'est pas expliquée par la hausse du volume des facteurs de production correspond forcément à leur amélioration : ce sera désormais la mesure du progrès technique.

De nos jours, tous les étudiants en économie sont familiers de ces tableaux qui donnent par pays et par période la décomposition de la croissance en trois éléments : la croissance due à la hausse du facteur travail, celle due à la hausse du facteur capital et la croissance résiduelle due à la hausse de la *productivité globale des facteurs*. Car cette croissance en plus ne peut être due qu'à cela : les innovations productives ! Si 10% de travailleurs et de machines supplémentaires sortent 30% de produits en plus, c'est forcément parce qu'ils sont plus efficaces qu'avant ! Voici comment Robert Solow a mis en lumière la forme de croissance qui fascine le plus les économistes : **la croissance intensive**. Nommée ainsi, car chaque unité de facteur de production parvient à produire plus, grâce au progrès technique.

Emballés par leur trouvaille, les économistes s'empresseront alors de chercher d'où vient une telle efficacité. Et cela prendra un peu de temps, jusqu'aux théoriciens de la croissance endogène que sont Robert Barro, Robert Lucas et Paul Romer.

Ils reprendront alors les analyses de Schumpeter pour distinguer, parmi les cinq formes d'innovations, les trois qui rendent les facteurs de production plus efficaces : les nouvelles organisations productives (coucou Smith et Taylor !), les nouveaux procédés (coucou le fordisme et les robots !) et les nouvelles matières premières (coucou le pétrole et ses dérivés plastiques !). Ils vont même ajouter de nombreux facteurs à ceux qui améliorent la productivité : la formation, les soins, les infrastructures de transport, la justice et pourquoi pas la démocratie elle-même. Toute la société est depuis lors convoquée pour améliorer l'efficacité des facteurs de production en général et du travail en particulier. Quand un escronomiste défend le système scolaire, ce n'est pas parce que celui-ci forme de bons citoyens et favorise la cohésion sociale, mais parce qu'il contribue à l'amélioration du capital humain et de l'efficacité du facteur travail !

Comme Schumpeter considérait que l'émergence de nouveaux débouchés était également une forme majeure d'innovation, les économistes vont considérer que les dépenses de recherche-développement des entreprises (à savoir les investissements consacrés aux innovations) devraient permettre de faire surgir des *innovations de rupture*, celles qui créent de nouveaux marchés. C'est pour cela que nos dirigeants, surtout s'ils sont schumpetériens (ce qui est le cas de François Hollande et d'Emmanuel Macron et de la quasi-intégralité des dirigeants européens) mettent autant d'énergie à faire émerger des licornes et autres entreprises innovantes.

Désormais, ils s'accrochent tous à l'idée qu'il faut et qu'il suffit qu'on trouve sans attendre un équivalent à la voiture particulière ou à Internet pour relancer un cycle de croissance économique d'un demi-siècle supplémentaire. Tiens, par exemple, avec la mise en œuvre d'une source d'énergie innovante et propre, comme pourrait l'être l'hydrogène ! C'est simple, c'est clair, ça fait rêver...mais c'est juste une énorme escroquerie. Je ne parle pas de l'hydrogène (quoi que...), mais surtout de ce raisonnement fallacieux.

Oups, on a oublié le pétrole !

Car la productivité ne vient pas de l'organisation humaine, et je vais tenter de vous en convaincre.

Imaginez-vous en train de défricher une clairière (ce qui est une très mauvaise idée, mais ne nous empêchons pas de faire cette expérience anodine par la pensée). Vous êtes quatre jeunes bûcherons en herbe et vous vous lancez joyeusement. Au début, tout le monde fait de son mieux avec des outils rudimentaires. On sue beaucoup et le travail avance lentement. Jusqu'à ce que l'un d'entre vous, ayant lu Adam Smith en cours d'économie, propose à tous de partager le travail. Le plus pressé d'entre vous va s'atteler à éclaircir la terre autour des souches, le plus costaud attaquera celles-ci à la hache, un troisième viendra déshabiller de leurs branches les troncs couchés et le dernier débitera des bûches dans les grumes ainsi préparées. Il est fort possible que les gains de productivité issus de cette nouvelle organisation du travail soient assez importants. Smith disait d'ailleurs que, chacun se spécialisant dans une tâche, il aura à cœur de rendre son outil le plus efficace possible, et gagnera du temps à ne jamais en changer pour un autre. Tout cela n'est pas faux.

Mais voici qu'arrive un cinquième travailleur équipé d'un engin à abattre les arbres[5]. La productivité de l'équipe va alors littéralement exploser, et ce pour une raison qui n'est *jamais* prise en compte dans les modèles économiques : il s'agit de la capacité des énergies fossiles et de leurs dérivés (en particulier pétroliers) à nous rendre spectaculairement plus productifs que nous le sommes, et cela que nous divisions ou pas le travail[6]...

Certes, les économistes retomberont sur leurs pattes en vous assurant que l'énergie thermique n'est rien d'autre qu'un fruit de la volonté des hommes de mieux organiser leur travail pour le rendre plus productif. Mais ce n'est pas ce que disent leurs modèles. On verra au chapitre suivant que, pour les économistes, la croissance intensive ne peut venir *que* des investissements dans les innovations, la recherche technologique et la formation des travailleurs. Or, c'est absolument faux : pour augmenter la production plus vite qu'augmente la quantité de facteurs de production utilisés, il faut et il suffit, même avec de vieilles machines

[5] Cherchez-les sur Internet, ça existe et c'est très spectaculaire. Par exemple ici : https://www.youtube.com/watch?v=eLdJGvLcXMk

[6] Pour ce qui est du rôle de l'énergie dans nos systèmes productifs, le plus simple et le plus immédiat est de se tourner vers Jean-Marc Jancovici, soit en plusieurs capsules d'une à deux conférences régulièrement, soit en une seule dose de son excellente BD : Le Monde sans Fin , un brillant essai graphique co-écrit avec Christophe Blain.

un peu obsolètes, de mettre plus de carburant dans plus de moteurs pour les faire tourner plus longtemps.

Comme le répète Jean-Marc Jancovici à longueur de conférences, il suffit de regarder la puissance mécanique déployée par nos bras et nos jambes et de la comparer à celle de nos machines à énergies fossiles pour s'en convaincre. Selon ses calculs, un tracteur à essence fournit la puissance cumulée de 6000 paires de bras humains, et un avion mobilise celle d'un million de paires de jambes (celles-ci étant environ dix fois plus puissantes que nos bras). Vu autrement, un être humain qui exécute un travail physique fournit 2kWh d'énergie par jour. Or, c'est l'énergie que fournit… un demi-litre d'essence ! En comparant le prix d'une journée de travail humain à celui du litre d'essence (même en période d'inflation) on comprend quel est le facteur de production le plus efficace et le plus rentable : c'est bien l'énergie fossile.

Une escroquerie consiste à faire passer une vessie pour une lanterne, ou à substituer une chose par une autre moins importante. C'est précisément ce que font les économistes, en ne reconnaissant pas le rôle des énergies fossiles dans la croissance. Cet énorme mensonge par omission est lourd de conséquences.

La première est de faire croire, comme le disait le président libéral Ronald Reagan, que *« la seule limite à la croissance est l'imagination humaine »,* dont on sait qu'elle est justement illimitée. Ce qui laisserait penser que tout est possible, y compris une croissance illimitée, comme le clament nos innovateurs stars, de Bill Gates à Elon Musk.

Deuxième mensonge : par conséquent, la croissance future serait une simple question d'argent. Elle dépendrait juste des investissements que l'on fera dans la recherche actuelle. On investit dans la recherche et on en récolte les fruits sans tarder en termes de croissance, dès qu'une innovation nouvelle émerge.

Troisième mensonge, qui découle des précédents : si on n'investit pas immédiatement dans les innovations du futur, d'autres le feront avant nous et tireront les premiers les dividendes de ces investissements. Dans un système concurrentiel, l'innovation n'est pas une option, c'est une obligation. Sinon, les autres deviendront plus productifs, donc moins chers, et nous voleront les marchés. L'absence d'innovations serait la mort lente assurée.

Dernier mensonge, majeur cette fois-ci : ne pas voir et ne surtout pas dire que derrière toutes ces innovations ce ne sont que les énergies fossiles qui activent le système productif[7]. Cela permet d'occulter le fait que la croissance économique porte par construction la responsabilité de la destruction des ressources rares, du climat et de la biodiversité.

Et ça, pour une escroquerie, c'est une belle escroquerie. On est même sans aucun doute à deux doigts du crime "ordinaire" contre l'humanité.

---

[7] Elles représentent 80 % de l'énergie utilisée dans le monde, et on ne les remplacera jamais à quantité équivalente (et encore moins en quantité croissante) par des énergies dites propres. Les raisons multiples sont très bien exposées par Philippe Bihouix ou Jean-Marc Jancovici, et par un bon nombre d'autres experts moins médiatiques mais tout aussi formels.

Un seul équilibre pour les représenter tous

Je tente le pari insensé de faire reposer mes explications de l'équilibre général walrassien, pour mes lecteurs néophytes, sur la représentation d'un seul marché. Sur le graphique suivant, on observe une courbe croissante (en pointillés) dont les quantités augmentent, vers la droite, en même temps que les prix : ce sont les quantités *offertes* sur un marché. Sur la courbe décroissante, en trait continu, les quantités *demandées* augmentent en même temps que les prix baissent. À l'intersection de ces deux « courbes » (on nomme ainsi ces droites) se situe le prix d'équilibre. La variation de chaque prix vers son niveau d'équilibre, sur l'ensemble des marchés, permet d'atteindre le fameux équilibre général walrassien.

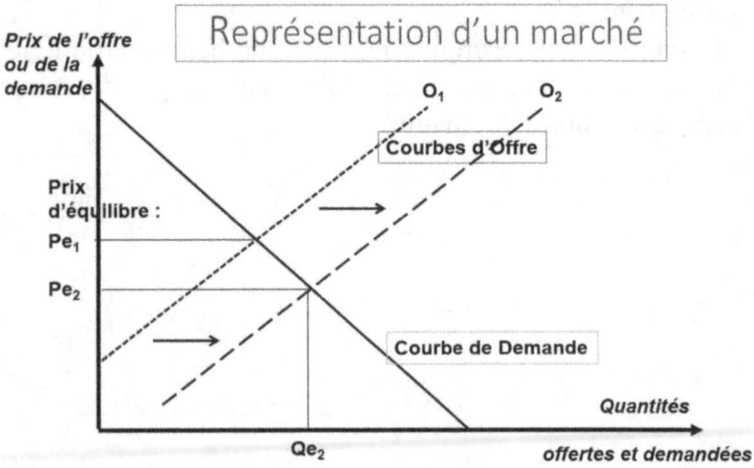

Si, pour le même prix, on parvient à offrir plus, la courbe d'offre O_1 se déplacera à droite (courbe O_2 en tirets). On voit que le prix d'équilibre baissera à cause de la loi de l'offre et de la demande. Suite à ce déplacement de la courbe, appelé *choc d'offre* positif, le prix d'équilibre aura baissé de Pe_1 à Pe_2 et les quantités échangées augmenteront. Un *choc de demande* positif, lui, ferait monter les prix. Les chocs peuvent aussi être négatifs : les courbes se déplacent à gauche, car les quantités (offertes ou demandées) diminuent, quels que soient les prix.

Chapitre Deux

En économie, tout commence et tout finit par des innovations

Nous voici prêts à analyser le deuxième péché mensonger des escronomistes : *l'investissement dans le progrès technique permettra une croissance sans limites.*

Le psychologue américain Abraham Maslow, qui a théorisé la hiérarchie des besoins, avait eu cette jolie formule : *« Il est tentant, si le seul outil que vous avez est un marteau, de tout traiter comme si c'était un clou »*[8]. Belle façon de dire que si l'on ne possède qu'une seule explication du monde, elle doit permettre de tout comprendre. Cet aphorisme pourrait avoir été écrit pour les seuls économistes schumpetériens ! Car la boîte à outils de ces escronomistes n'est pas très fournie, si on regarde bien. Derrière un fatras d'équations mathématiques, ils n'ont guère plus qu'un marteau. Mais comme ils se sont eux-mêmes privés de tous les cadres d'analyses permettant de bien comprendre le réel, ils font tout pour que la réalité s'explique absolument et intégralement à l'aide de leur maigre outillage. Cela donne un raisonnement du type de celui développé par Patrick Artus et Marie-Paule Virard dans Croissance zéro. Ce livre très schumpetérien va nous servir de guide pour comprendre à quelle vision du monde les économistes s'accrochent et s'accrocheront jusqu'à ce qu'on ait extrait de la dernière mine, avec le dernier bidon de pétrole disponible, les derniers kilos de minerais nécessaires pour faire rouler la dernière voiture électrique.

Le titre était pourtant alléchant, et plutôt inattendu de la part d'économistes libéraux standards, qui s'affichent volontiers eux-mêmes comme des économistes de l'offre.

---

[8] Tiré de The Psychology of Science, A. Maslow, 1966

Pour votre information, tout économiste croissanciste est forcément un économiste de l'offre : car il (ou elle) pense que pour produire plus il faut avant tout mettre plus de gens au travail sur plus de machines. Et si tout cela ne suffit pas, il suffit d'améliorer l'efficacité de tous ces facteurs de production. Le reste suit : les emplois, les revenus, les biens et services, le bien-être et même le savoir, la connaissance et pourquoi pas la liberté et la démocratie.

Alors pourquoi « croissance zéro » ? Parce qu'il semblerait qu'un élément du moteur se soit grippé depuis quelques années. Fouillant dans leur caisse à outils, nos économistes schumpetériens ne voient qu'une seule explication possible : le ralentissement de la productivité globale des facteurs. Je répète : ce n'est pas forcément la véritable raison, mais c'est la seule dont ils disposent ! « Puisque je n'ai qu'un marteau à ma disposition, on va dire que ce problème est un clou », semblent-ils se dire en douce. Comme ils ont une image de scientifiques à entretenir, ils procèdent par raisonnements rigoureux et presque imparables.

Regardons en arrière, nous disent-ils : ce sont bien les innovations qui ont toujours tiré la croissance. Les trois grandes révolutions industrielles en sont la preuve : celle du milieu du XIXe siècle, qui a réduit les coûts de transport, nous a mis sur les rails d'une croissance régulière. Mais la deuxième a été spectaculaire : *« un véritable feu d'artifice ! »* disent-ils. *« L'essor de l'électricité et du moteur à combustion interne a révolutionné le travail et la vie quotidienne. La lampe à filament a remplacé la bougie. La chimie moderne a inventé toutes sortes de produits qui ont grandement contribué au bien-être de tout un chacun. Avec la diffusion du téléphone, du phonographe, de la radio et du cinéma, les communications et les loisirs sont devenus accessibles au plus grand nombre ».*

Entendons bien leur propos. Nos deux économistes ne nous parlent pas de prélèvement de ressources naturelles ou d'énergie fossile, juste de miracles innovateurs ! Alors, où est le problème actuellement ? Au seul endroit où il peut être si on ne le cherche que là : dans l'insuffisance d'innovations de notre époque. Certes, ils reconnaissent volontiers que la révolution numérique ne compte pas pour rien, mais *« il a toujours existé un délai, toujours long, entre une découverte et le moment où celle-ci irrigue vraiment l'économie réelle ».* En attendant que le numérique révèle toute sa capacité à améliorer notre efficacité productive, il faut donc innover encore plus.

Car un monde dans lequel la croissance s'essouffle ne peut être qu'un monde en panne d'innovations. Pour quelle raison ? Cela est forcément dû à une *« perte d'efficacité de la recherche et développement ».* On ne cherche pas bien, voilà tout, sinon on aurait trouvé ! L'idée que plus les ressources s'épuisent, plus il en faut pour en prélever davantage ne leur vient pas à l'idée[9]. Cet effet boule de neige dans le prélèvement des ressources ne peut être vu que comme une simple « augmentation de l'intensité capitalistique ». Il faut, pour des raisons obscures, de plus en plus de capital pour produire autant de valeur qu'avant. C'est *la loi des rendements décroissants* qui frappe inexorablement. Cette loi, présente dans les premiers écrits des économistes classiques, veut que plus on exploite un terrain agricole, par exemple, plus la hausse des rendements s'affaiblit, jusqu'à décroître si on épuise les sols. Les premières terres cultivées étant les meilleures, elles donnaient beaucoup et rapportaient autant. Au fur et à mesure de l'expansion des cultures, on allait sur des terres moins fertiles qui rapportaient moins. Les rendements décroissaient « naturellement ».

---

[9] Je fais référence ici au taux de retour énergétique, plus longuement exposé dans Sale temps pour l'économie marchande.

Les économistes se sont vite persuadés que tout allait à l'avenant, dans les activités économiques. Et que plus on produisait, moins ça rapportait. Cette loi a pourtant été invalidée pendant plus d'un siècle par l'apport de ressources énergétiques hyper-productives mais on l'a conservée pour une raison très importante : c'est elle qui permet au modèle de tenir debout ! Par exemple, on l'utilise pour justifier que les premiers servis sur le marché de l'emploi soient théoriquement les mieux payés, et que les suivants, en raison de leurs rendements décroissants, ne récoltent que les miettes. Vous savez, c'est comme en cours d'éducation physique, avec les élèves que les capitaines choisissent en dernier pour les mettre dans leur équipe. Les derniers sont les moins productifs, donc les moins payés. Les économistes trouvent cela normal[10]. La loi des rendements décroissants permet surtout d'expliquer pourquoi la courbe d'offre est croissante et pourquoi les quantités offertes augmentent en même temps que les prix (voir schéma p.42). Car sans cela, les courbes de demande et d'offre pourraient *ne jamais se croiser* et l'on n'aurait *aucun prix d'équilibre* sur certains marchés. Exit le modèle d'équilibre général.

Mais revenons à l'augmentation de l'intensité capitalistique évoquée par Artus et Virard. Il faut toujours plus de machines pour produire davantage, il faut *« investir de plus en plus de milliards pour espérer extraire la moindre goutte de pétrole brut des profondeurs de la terre, et surtout de la mer ».* Le taux de retour énergétique ne faisant pas partie de la boîte à outils des économistes, ces derniers semblent étonnés de leur découverte. Il est pourtant évident que physiquement parlant, plus les ressources se font rares plus il est coûteux d'aller les prélever. Par exemple, selon Philippe Bihouix, *« la concentration*

---

[10] Nous nous pencherons sur cette question épineuse dans le chapitre quatre.

moyenne des minerais de cuivre exploités est passée de 1,8% dans les années 1930 à 0,8% aujourd'hui ». Il faut donc prélever plus pour obtenir de moins en moins de métal. Finalement, *« l'extraction de métaux est de plus en plus énergivore et la production d'énergie de plus en plus consommatrice de métaux*[11]*».* On verra que les économistes, guidés par les prix, ne peuvent pas intégrer une information aussi essentielle.

Donc nos économistes s'en fichent. En revanche, ils sont inquiets que cette accumulation de capital s'accompagne d'un ralentissement de l'investissement. Car *« dans des économies où l'intensité capitalistique est élevée, une limitation de l'investissement des entreprises induit une perte de production plus forte que dans une économie où l'intensité capitalistique est faible ».* Et là où ça coince totalement, c'est que l'investissement qu'ils appellent de leur vœu aggraverait au bout du compte le problème de l'intensité capitalistique.

Alors que faire, avec tout ce capital qui s'accumule ? Les deux experts ont une parade. Face à cette mystérieuse accumulation de moins en moins rentable du capital, *il doit exister une solution du côté des innovations*. Et ces innovations ne seront permises que par une meilleure formation des salariés. Car *« les ressources humaines bien formées et mobiles dans tous les sens du terme contribuent non seulement à augmenter la productivité du travail, mais aussi à stimuler l'innovation ».* Et voilà, tout s'explique : la seule façon de faire repartir la productivité est de mieux former les salariés pour les rendre IN-NO-VANTS !

Vous trouvez qu'on tourne en rond ? Vous n'avez pas tout à fait tort. Mais c'est parce qu'on ne dispose que d'une seule et unique explication, celle de la croissance intensive qui doit prendre le relais de la croissance extensive. Les

---

[11] P. Bihouix et B. De Guillebon, « Quel futur pour les métaux ? » EDP Sciences, 2010.

économistes de l'offre comme Patrick Artus ne croient pas à l'efficacité de cet autre moteur de la croissance que sont les stimulations artificielles de la demande par création monétaire[12]. Donc ils implorent que l'on mette plus de gens au travail et qu'on les forme suffisamment bien pour qu'ils sachent inventer les formes d'organisations productives qui font gagner du temps et de l'argent. Comme à aucun moment l'énergie ou les ressources rares prélevées n'ont joué le moindre rôle dans leur modèle de croissance, la solution ne peut pas être là où ils ne la cherchent pas…

Je vous en sers une dernière louche ? *« Pour restaurer la compétitivité, il est donc prioritaire d'innover, de moderniser le stock de capital et d'investir dans les nouvelles technologies, d'améliorer les compétences de la population active, de monter en gamme, de réaliser des réformes structurelles (marché du travail, fiscalité…) de faire des économies et de traquer les rentes injustifiées ».* À l'aune des théories économiques dominantes, ce raisonnement est imparable. Il est validé par l'intégralité des professeurs des plus prestigieuses universités d'économie de la planète. Les innovations sauveront le monde, ou au moins le capitalisme, comme Schumpeter semble l'avoir si bien montré en son temps. Certes, il avait glissé parmi les formes d'innovations la découverte de nouvelles sources d'énergie. Mais dans sa logique économique, elles stimulent la productivité *parce qu'elles sont des innovations*, et non pas parce que ce sont des sources d'énergie. Joli tour de passe-passe, non ?

Comme je ne voudrais pas que l'on m'accuse d'être de mauvaise foi, je me sens obligé de relever un instant de lucidité chez Artus et Virard. Alors qu'ils parlent des investissements croissants et des rendements décroissants

---

[12] *« Il s'agit bien là d'une facilité que se donnent les gouvernements de faire porter à la banque centrale le poids du soutien de l'activité ».* On ne saurait leur donner tort. Cf. notre chapitre cinq, sur cette question.

dans l'industrie pétrolière, ils font cet aveu : *"l'énergie a toujours été un puissant moteur de croissance"*. Tiens, tiens : serait-on sur une piste ? Mieux encore, ils confirment qu'il suffit pour s'en convaincre *"d'observer l'évolution parallèle depuis cinquante ans des courbes du PIB mondial, de la consommation d'énergie et de celle du pétrole*[13]*"*. Miracle, se dit-on ! Ils ont enfin compris ! Ils vont placer l'énergie et la prédation des ressources rares au centre de leur modèle de croissance.

Las ! Ils ne voient comme problème que *"la question d'extraction de la manne pétrolière et [ses] conditions sur la productivité"*. La productivité : ils n'ont d'yeux que pour elle ! Par conséquent, *"cette question du niveau de capital nécessaire pour produire un certain nombre de biens lance un défi à tous les secteurs dits capitalistiques, autrement dit gourmands en capital"*. Comme vous avez fini par le comprendre, ils sous-entendent que l'on viendra à bout de ce problème, de tous les problèmes économiques, en fait, et quel que soit le secteur concerné, par trois actions : l'une en faveur des innovations, l'autre vers la recherche-développement et la troisième en direction de l'investissement en capital humain. En gros, de tout ce qui fait croître le progrès technique.

Comme si tout cela pouvait rendre le pétrole plus accessible et les minerais de nouveau abondants dans les mines !... Comme si toute l'intelligence mise au service de l'innovation pouvait sauver la biodiversité, les atteintes à la santé et aux savoir-faire ancestraux que la logique marchande techno-industrielle a provoquées depuis deux siècles ! Nous n'avons pas besoin de plus d'innovations technologiques, pas plus que nous avons besoin de plus de marché ou plus de productivité. Nous avons besoin de *moins* de tout cela.

---

[13] Cette corrélation, popularisée par Jean-Marc Jancovici en France, est largement analysée dans Sale temps pour l'économie marchande.

Les innovations ne sauveront pas le monde

Ainsi, l'innovation est, pour les escronomistes, ce truc épatant auquel personne avant vous n'avait jamais pensé et qui va vous permettre à la fois de produire mieux et de vendre plus. L'innovation c'est le progrès, le confort, la satisfaction des consommateurs et le profit, autrement dit c'est le beurre, l'argent du beurre et des tartines à volonté. Les écoles de commerce sont des fabriques d'où sortent des milliers d'entrepreneurs schumpetériens chaque année, tous débordants d'idées géniales pour ouvrir un nouveau marché prometteur auquel personne n'avait songé avant eux. De 1990 à 2017, on est tout de même passé en France de 12.000 diplômés des écoles de commerce dans l'année à 48.000 diplômés, soit quatre fois plus que de médecins et 1,3 fois plus que d'ingénieurs ! Avec tout ce petit monde penché sur le berceau de la fée innovation, la croissance aurait dû repartir depuis belle lurette…

Malheureusement, ce qu'ils ignorent, tous autant qu'ils sont, c'est que Schumpeter s'est trompé : les innovations ne sont pas le moteur du système. Comme ne cessent de le répéter de nombreux experts du climat (car Jancovici est, bien heureusement, un parmi beaucoup d'autres[14]), c'est l'énergie fossile, destructrice de nos écosystèmes climatiques, qui est à l'origine de toutes les innovations, en tout cas des plus rentables. Ce qui fait que pratiquement aucune n'est jamais "verte", car il ne suffit pas de le proclamer très fort pour qu'elles le soient, comme le voudrait Philippe Aghion.

---

14 Le GIEC présente la particularité, unique pour une discipline scientifique, de réunir des représentants de tous les pays du monde dans son organisation et la production de ses travaux. Il faut une grande part d'égocentrisme pour douter des résultats de leurs travaux. Parce qu'un expert seul peut toujours se tromper, mais Wikipédia prouve qu'en mutualisant les expertises on diminue drastiquement les risques de dire n'importe quoi.

Cet économiste de renom, professeur au Collège de France, est sans doute l'un des économistes français les plus influents en matière de politique économique depuis une dizaine d'années. Son ouvrage Le pouvoir de la destruction créatrice est une référence pour qui veut comprendre la logique économique du courant de pensée schumpetérien. Cet économiste influent est convaincu que les innovations sont la solution à tous nos problèmes (position que l'on peut qualifier, avec Philippe Bihouix, de techno-solutionniste). L'aveu est sans ambiguïté : *« Seule l'innovation peut reculer les frontières du possible »,* écrit-il. Il n'a pas progressé d'un iota depuis les fondements de la pensée classique, couplés à la théorie schumpetérienne : *« Comme l'explique Adam Smith dans La richesse des nations, en permettant une meilleure division du travail -elle-même génératrice de progrès technique-, le commerce international peut être une formidable source de prospérité pour l'ensemble des pays du monde ».*

On voit bien ici que la division du travail, mère de toutes les innovations et de la mondialisation, se marie très bien avec la défense inconditionnelle de la concurrence et du progrès technique. Une petite remarque en passant : j'ai compris récemment ce qui pousse à ce point les économistes à défendre la division du travail comme un élément central de l'efficacité du système productif. C'est sans doute en partie parce qu'elle justifie leur propre importance dans l'organisation sociale ! Sans division (sociale) du travail, les économistes mourraient littéralement de faim, car ils vivent du travail des autres. Infoutus de rien faire de leurs dix doigts, il est rassurant pour eux d'affirmer que la division du travail, sociale ou technique, est au cœur de la vie économique. C'est la seule organisation productive qui leur donne un rôle enviable : expliquer aux autres pourquoi tous ces gens doivent travailler pour eux. Pourtant, si on le regarde sous l'angle de leur utilité sociale, il n'est pas sûr que le métier des économistes justifie, par ses résultats, les ressources rares qui leur sont dévolues...

Mais tout cela, Philippe Aghion, notre éminent professeur et conseiller du prince, l'ignore. Car il semble ne pas voir ou ne pas savoir (en tout cas il n'en parle jamais) qu'au commencement d'une innovation, il y a des individus qui ont consommé des ressources émettrices de CO_2 : ils en consomment pour mettre en place l'innovation (fût-elle une éolienne), souvent même pour la faire fonctionner (sauf si les responsables de l'entretien des machines vertes y vont tous à vélo) et finalement pour la recycler en fin de vie.

C'est donc toujours l'investissement prédateur de ressources rares qui permet le développement des innovations, en détruisant au passage un peu plus les conditions de vie sur terre. Ainsi, les théories "à la Aghion" se méprennent-elles totalement sur le moteur premier du capitalisme. Car en réalité, et ce ne sera une surprise pour personne, le capitalisme est depuis l'origine un système de mise en compétition des envies d'enrichissement individuelles. Voilà quel est son véritable moteur.

Schumpeter lui-même, dont l'esprit critique valait mieux que celui de ses descendants, dénonçait cette "course au clocher" (pratique traditionnelle qui consistait pour des villageois à utiliser tous les moyens possibles pour arriver en premier à rejoindre l'église du village) au sein du système capitaliste. Schumpeter en faisait un argument de défense des monopoles innovateurs, dont l'existence était préférable, selon lui, à un marché purement concurrentiel ou chacun cherche avant tout à écraser son concurrent par tous les moyens. Or, désormais, l'obligation de passer devant les autres pour ne pas perdre sa place dans la concurrence mondiale rend l'innovation urgente. Or, les moyens utilisés par les acteurs du capitalisme pour accumuler plus que les autres sont en vérité de deux natures : la prédation sur les ressources et la mise sous dépendance (ou aliénation en termes marxistes) de l'ensemble de la société.

Pour asservir l'ensemble de la société au système innovateur, il faut, disait Karl Polanyi, casser les institutions traditionnelles d'échange et de production. Seuls des individus qui ne possèdent plus les savoir-faire nécessaires à la satisfaction de leurs besoins essentiels peuvent s'en remettre aveuglément à un marché-providence qui viendrait à leur secours pour leur offrir les mille et un biens et services qui rendent la vie plus confortable.

Personne n'a encore évalué la différence d'épanouissement individuel entre un individu qui maîtrise une grande partie de son environnement et se sent responsable de l'essentiel de ses conditions d'existence et celle d'un individu dépendant d'un système qui le laisse ignorant à la fois des conditions de fabrication des biens qu'il consomme et des moyens de les produire lui-même s'il lui en venait l'idée saugrenue. Mais le temps qui passe commence à nous en donner une idée. Courir sans cesse comme un hamster dans sa roue pour gagner, par des activités dénuées de sens et d'utilité pratique, de quoi s'acheter ce qu'on est désormais incapable de faire soi-même (y compris se divertir ou se reposer !) fait rêver de moins en moins de monde. Pourtant, c'est bien de cette façon que les « innovateurs » s'assurent des débouchés et des profits garantis.

Car c'est bien d'une gigantesque course au profit qu'il s'agit : les innovations ne sont que le moyen de se placer le plus en avant possible dans la file d'attente des pourvoyeurs de biens et services marchands. D'ailleurs, dans ses incantations innovatrices, Philippe Aghion ne rêve pas seulement que nous innovions, mais bien sûr que nous soyons les premiers innovateurs de la planète, devant ces redoutables compétiteurs innovants que sont les Chinois et les Américains. Or, on sait que ces derniers sont imbattables sur ce terrain : on le voit à leurs "imbattables" émissions de gaz à l'effet de serre ! Demander à l'État d'encourager toutes les innovations nationales (ou européennes) pour gagner la course mondiale au clocher, c'est le rendre complice de la destruction des ressources naturelles à un niveau qui équivaut largement à une destruction de forêt équatoriale…

Nos innovations à nous, si nous voulions qu'elles soient vraiment vertes, devraient consister à réinventer des machines sobres en énergie artificielle (toujours plus ou moins émettrice de CO_2) et gourmandes en énergie humaine : les véhicules de transport, évidemment, mais aussi tous ces appareils ménagers qui ont libéré les femmes (et les hommes) depuis les Trente Glorieuses en réduisant nos efforts à un simple clic sur un bouton : *clic !* et ma vaisselle est lavée, *clic !* et les carottes sont râpées, *clic !* et ma pelouse est tondue, etc. Innover dans le but de sauver les conditions de vie de nos enfants sur terre, consisterait à *réduire un peu notre productivité* et retrouver le goût de faire des efforts bien plus porteurs de sens que ceux que l'on fait actuellement pour… accumuler les moyens de ne plus faire d'efforts !

L'impensable déproductivité

Mais la baisse organisée de notre productivité, ou déproductivité, est une aberration économique, vous diront Aghion et sa bande. D'un point de vue économique, c'est un suicide organisé ! Objectivement parlant, on peut cependant considérer que sa mise en œuvre serait salutaire et nous permettrait de sortir du mal-être profond où nous entraîne l'économie. Il faut mettre le doigt sur l'un des gros mensonges de la science économique dominante (qui n'est pas la pensée partagée par tous les économistes, mais qui est le socle théorique sur lequel tous les économistes ont appris à raisonner) : l'idée que les révolutions technologiques, en ouvrant de nouveaux marchés, créent plus d'emplois qu'elles n'en détruisent et par conséquent les remplacent sans douleur. Car ces révolutions modifient profondément les emplois des secteurs en mutation et modifient finalement la production elle-même.

L'agriculture, au premier chef, a connu ce mouvement d'innovations qui a détruit des millions d'emplois dans notre pays. Or, que sont devenus les enfants d'agriculteurs qui n'ont pas repris l'exploitation familiale ? Quels emplois ont été créés pour eux, grâce aux monstres mécaniques dans lesquels ont investi leurs parents ? Dans l'entretien des machines agricoles ? Un petit peu. Dans la transformation des denrées agricoles ? Oui, aussi… Dans leur transport et leur vente ? Pourquoi pas. Mais au bout du compte, c'est à un gaspillage hallucinant des ressources qu'a contribué l'explosion de la productivité agricole. On parle d'un tiers de la production agricole mondiale qui serait gaspillée chaque année. Sans parler de la qualité des denrées produites par les technologies agroalimentaires et du gaspillage lié à la surproduction. Il serait « innovant » et tout à fait rationnel de baisser massivement la productivité agricole et de rendre des emplois utiles à nos agriculteurs et à tous ceux qui veulent les rejoindre en utilisant des technologies peu prédatrices de ressources.

Ainsi, un secteur transformé par les innovations n'est jamais « le même secteur, mais en mieux ». Il devint un autre secteur qui a fait disparaître tous les emplois traditionnels pour les remplacer par des emplois aux effets souvent délétères, qui éloignent toujours plus les producteurs de leur production. Si Karl Marx a pu se tromper sur quelques lois de l'Histoire, il avait tout compris sur l'aliénation qu'entraîne le système capitaliste. Les emplois créés par les innovations sont peut-être plus nombreux, mais ils sont certainement toujours destructeurs de quelque chose de précieux : un savoir-faire, une qualité obtenue par des siècles d'amélioration patiente des matières premières et des procédés de fabrication, un emploi qui définissait un individu et lui donnait une place honorable dans le grand partage des activités humaines. Les innovations créent des pauvres au sens large, si l'on définit ainsi les personnes qui ne maîtrisent pas leurs conditions d'existence.

Alors, allez-y, innovez, innovez toujours, si vous êtes croyants ! Mais sachez que vous ne sauverez pas ce système qui s'essouffle et nous prive d'air pur. Les innovations marchandes sont le stade ultime du capitalisme. Et quand vous aurez compris que les innovations ne servent qu'à alimenter les désirs cupides de ceux qui les promeuvent (la preuve est que le premier effet d'une innovation est tout de même d'ouvrir en grand à son auteur la porte d'un banquier quelconque) vous utiliserez les livres d'Aghion et de ses compères pour en faire quelque chose de plus utile que des manuels d'économie.

Mais quelle que soit votre colère, ne les brûlez pas ! Ils émettraient du CO_2… La théorie des innovations en a déjà beaucoup trop émis dans l'atmosphère, et depuis trop longtemps. L'air serait plus respirable et nos vies plus saines si l'on se passait de ces théories fumeuses.

La confiance, l'autre facteur oublié

Faisant comme si elle allait de soi, les économistes n'ont pas intégré la confiance dans leurs analyses des facteurs de production. Pourtant, il est inconcevable d'échanger et de produire dans un monde où personne ne ferait confiance à personne. On comprend bien que ce « facteur » indispensable à la vie sociale, parce qu'il n'est pas quantifiable, ne pouvait pas trouver sa place dans les modèles économiques. Cependant, il serait naïf d'en faire une donnée acquise, car le marché affaiblit la confiance que se font les individus.

La confiance est *ce qui relie des individus qui ne savent rien les uns des autres*. Le simple fait de sortir marcher dans la rue présuppose une confiance minimale dans le comportement des gens que l'on y croisera. A fortiori, échanger des marchandises ne peut se faire que si la confiance est suffisante pour que l'on ose faire le premier pas (payer ou livrer la marchandise) en supposant que notre partenaire honorera la confiance qu'on a placée en lui.

L'Etat, on s'en doute, joue un rôle important comme « garant » de la confiance nécessaire aux échanges, en sanctionnant les manquements aux règles élémentaires de la confiance. S'il ne va pas jusqu'à pénaliser votre boulanger qui aurait trop peu salé, ou mal cuit, votre pain, il vous garantira un système de compensation ou de pénalités si la consommation de ce pain devenait dangereuse. Pour le reste, la liberté d'entrer ou de sortir d'un marché devrait suffire aux consommateurs pour construire, par expériences successives, la confiance nécessaire à des échanges fructueux.

Les économistes sont convaincus que la liberté d'échanger ou non, associée à un bon système judiciaire pénalisant les commerçants ou les acheteurs indélicats qui ne tiennent pas leurs promesses, peut suffire à instaurer la confiance minimum nécessaire aux échanges. Sans parler de la monnaie fiduciaire, dont l'existence même repose sur une confiance commune dans les institutions régaliennes que sont l'Etat et la Banque Centrale.

Preuve qu'ils sont pourtant inquiets d'un défaut de confiance qui serait préjudiciable aux échanges, les économistes assurent qu'une bonne « transparence » des marchés est la condition essentielle d'une saine concurrence, car elle permet à chacun de faire confiance à ses partenaires commerciaux. Il est exact que la confiance repose en partie sur l'information que l'on a sur le produit ou le service que l'on échange avec un partenaire inconnu. Mais c'est loin d'être suffisant.

Or, les escronomistes semblent ne pas voir que *les relations marchandes détruisent très largement la confiance sur laquelle elles reposent*. Karl Polanyi a montré que c'est en cassant les relations de solidarité traditionnelles que l'on a construit les conditions d'extension des échanges marchands. Si l'on veut que chacun fasse appel au marché dans toutes les dimensions de sa vie sociale, il est essentiel de défaire tous les liens qui le reliaient à ses congénères. Or, ce faisant, on tue la confiance. Le marché, dernier arrivé dans l'histoire des relations sociales, et ambitionnant d'occuper toutes les dimensions de la vie sociale, doit une grande part de son succès à la confiance créée antérieurement par des organisations culturelles peu marchandes.

En outre, l'autonomie financière assurée par le marché permet l'indépendance de chaque individu. Le revenu, précisément parce qu'il revient, est un réducteur d'incertitude suffisant pour que l'on ne dépende plus des autres, puisque le marché est pourvoyeur de tout ce qui peut manquer aux individus. « Tout », sauf la confiance, précisément. Pire encore, il existe des marchés qui se nourrissent de la défiance et qui prospèrent sur elle : armes, sécurité sous toutes ses formes, infos à sensation, et surtout politiques de la peur.

Malgré les substituts maladroits de confiance sociale que créent les nouvelles technologies (par les systèmes de réputation), celles-ci détruisent méthodiquement, par des algorithmes obscurs, les conditions sociales de la confiance, ce facteur oublié sans lequel rien ne se produit ni s'échange.

Chapitre Trois

L'effet rebond, cœur du réacteur croissanciste

Nous allons nous attaquer maintenant à ce qui est plus qu'une croyance, mais une conviction chevillée au corps des croissancistes technosolutionnistes : *les gains de productivité permettent d'économiser les ressources.* Or, depuis les travaux de Stanley Jevons, nous savons que tout ceci est parfaitement inexact. Jevons[15] avait identifié un effet-rebond qui, si on l'étudie de près, n'est pas un simple effet, mais le mécanisme central de la croissance. Une croissance destructrice de l'environnement et de nos conditions de vie.

On l'a vu : les escronomistes adorent débattre de choses sans intérêt, comme pour éviter de se poser les vraies questions, celles qui risqueraient de mettre à terre leurs jolis édifices théoriques. Ils peuvent passer des heures et consacrer des centaines d'articles pour chercher comment caractériser un duopole -symétrique, asymétrique, avec double maîtrise-, comment définir le niveau de croissance potentielle d'une économie, ou bien encore comment prouver que le taux de chômage évolue en sens inverse de l'inflation ou dans le même sens, ou sans aucun lien... Des débats interminables font rage dans la communauté des économistes sur ces questions minuscules.

Ces guerres picrocholines pourraient à elles seules suffire à justifier l'existence des économistes. Mais elles ne répondent pas pour autant à l'interrogation fondamentale qui est l'objet même des sciences économiques : comment satisfaire durablement les besoins des humains dans un

[15] …bien aidé intellectuellement par le travail de son épouse, comme le fut également Schumpeter, ce qui mériterait d'être signalé un peu plus que par un simple appel de note. Voir : « Les femmes dans la pensée économique » article publié dans La revue française d'économie, vol 7, N°3, 1992, disponible sur Persée.fr.

monde aux ressources finies ? Bernard Maris aimait bien, les jours d'optimisme, définir l'économie comme la science du partage. Il me semble que ce n'est même plus l'urgence, quoi qu'en pense le GIEC. Il est temps de décider de ce qu'il faudra produire encore et de ce dont on pourra se passer. Mais qui "on" ? Les individus ? Vous et moi ? Ou l'ensemble de la société ? Tout le monde globalement ? Est-ce un problème individuel ou collectif ? Les deux, certes. Mais est-ce en agissant au niveau individuel qu'on modifiera nos comportements collectifs ou est-ce la société qui doit contraindre les actions individuelles ?

Telle est la seule controverse théorique en sciences économiques qui ait vraiment du sens : comment passe-t-on du niveau micro-économique (les actions des individus) au niveau macro-économique (les activités de l'ensemble des agents et des agents collectifs comme l'État) ?

Cette question, fort complexe, a été réglée un jour par les économistes de façon lapidaire. Leur raisonnement est le suivant : sur un marché, l'ensemble des intervenants peuvent être considérés comme un seul et même agent que les économistes nomment "agent représentatif" et qui, à lui seul, fait ce que tout le monde ferait ensemble, sachant malgré tout que rien n'oblige chacun à agir dans le même sens que les autres ! C'est une façon de résoudre un problème en supprimant la question : *tous les agents sont présents puisqu'un seul les représente tous.* Un super-agent, donc, qui est à peu près aussi représentatif qu'un dessin de bonhomme-bâton est capable de représenter l'ensemble des êtres humains...

Je voudrais vous faire comprendre pourquoi essayer de répondre sérieusement à cette question est absolument essentiel : parce qu'on la retrouve en particulier dans les réflexions en matière de lutte contre le réchauffement climatique.

Les climatologues ne veulent entendre parler que du niveau agrégé au plus haut niveau, celui qui rassemble la population mondiale, dans une perspective macro dimensionnelle. En effet, même la perspective nationale est trop petite pour avoir du sens concernant le dérèglement climatique. Les USA, à eux seuls, ne font pas le climat mondial. Et une partie considérable des émissions de CO_2 de cette superpuissance économique se font ailleurs, là où sont produits les biens importés par les États-Uniens. Le problème climatique, ignorant les frontières, est donc un problème *global*, comme on dit en utilisant cet anglicisme qui veut bien dire "mondial" dans la langue de Shakespeare.

Regarder les émissions de chaque pays ou de chaque consommateur est donc moins intéressant qu'étudier celles du monde entier. Mais regarder celles de chacun est-il sans intérêt ? Absolument pas : c'est même essentiel. Car c'est bien le comportement de chacun qui finit par donner l'énorme consommation de ressources que l'on observe au niveau mondial. On ne fera cesser l'hécatombe climatique que quand on saisira ce qui rend chacun d'entre nous dépendant des fossiles. Mais comment ce qui est un problème planétaire peut-il être considéré comme un problème individuel ? Faut-il demander à chacun un effort de sobriété énergétique ou organiser la fin de l'usage de telle ou telle ressource au niveau mondial ? Voilà quel est le fond de la question sans réponse pourtant posée il y a quelques décennies par les théoriciens de l'économie.

Bridge or no-bridge ?

La question posée est celle de l'existence ou non d'un pont qui permettrait de passer de la dimension individuelle à la dimension collective. Certains économistes, les *macroéconomistes*, préfèrent en rester à la dimension nationale : elle est le plus haut niveau d'analyse des économistes, peu habitués à raisonner au niveau mondial, en particulier par manque de statistiques fiables. D'un autre côté, les *microéconomistes* préfèrent se consacrer à l'analyse des comportements des agents économiques de base, les consommateurs et les producteurs.

Ces deux grands courants théoriques n'ont pas pris l'habitude de se parler : ils ont de toute façon acquis la certitude qu'il n'existe pas de pont entre leurs analyses. Chacune éclaire les mécanismes économiques de façon utile, mais sans que l'on parvienne à passer de façon logique d'un niveau d'analyse à l'autre.

Une telle impuissance à passer de la micro à la macro, ou inversement, aboutit à des paradoxes comme celui mis en évidence par Stanley Jevons : celui-ci observa que la machine à vapeur de James Watt, plus économe en charbon que les précédentes, n'avait pas conduit à économiser nationalement sur la consommation de charbon mais paradoxalement à l'augmenter en raison du succès de la diffusion de cette nouvelle machine performante et économe. Une « économie » (au sens d'épargne) individuelle se transforma alors en un gaspillage global. Ce paradoxe est plus connu sous le nom d'*effet rebond.* Il est utilisé depuis longtemps par tous les critiques de la croissance capitaliste et du développement, qui insistent avec raison pour dire que le système marchand, même en répondant aux légitimes demandes individuelles de sobriété, ne sait que grossir, croître et polluer sans cesse au niveau mondial.

L'effet rebond n'est pas un effet !

Mais peut-on vraiment parler d'*effet* à propos du paradoxe de Jevons ? Un effet, en économie, désigne un mécanisme qui peut jouer dans un sens comme dans un autre. Par exemple, *l'effet ciseaux* des dépenses publiques s'observe lorsque les dépenses augmentent alors que se réduisent les recettes budgétaires, en période de crise. Cet écart qui se creuse à la pointe des ciseaux aggrave le déficit budgétaire. Or, cet effet joue dans le sens inverse en cas de reprise, les branches des ciseaux se rapprochant en résorbant le déficit (moins de dépenses et plus de recettes). Les effets multiplicateurs, généralement attribués à Keynes, peuvent eux aussi jouer à la hausse comme à la baisse.

Les effets, comme les amoureux, vont souvent par deux. Lorsque le prix d'un bien baisse, sa consommation est modifiée par *l'effet revenu*, car la baisse des dépenses liées à ce produit augmente le pouvoir d'acheter plus du même bien. Mais cette baisse de prix, par *effet de substitution*, permet également d'acheter moins d'un autre bien pour acquérir plus de celui qui est devenu moins cher. Effet revenu et effet de substitution font la paire.

Mais l'effet rebond, lui, est désespérément seul et joue toujours dans le même sens. À bien y regarder, ce n'est pas un effet. Même pas un paradoxe, comme le disait Jevons qui fut le premier à l'avoir identifié.

Bien sûr, la baisse de consommation d'une ressource par unité produite entraîne une hausse de la consommation globale de cette ressource. Mais il n'y a rien de paradoxal, là-dedans : car la consommation des ressources productives ayant une forte élasticité (c'est-à-dire que leur acquisition est très sensible à la baisse de leur prix), il est automatique que les gens en achètent plus quand leur prix baisse. L'inverse serait juste impossible.

On sait, par ailleurs, qu'une partie importante de la croissance repose sur la productivité globale des facteurs, à savoir la capacité de nos systèmes productifs à produire sans cesse pour moins cher. Là encore, ce n'est pas étonnant, car c'est bien la baisse constante des coûts et des prix qui stimule la demande et permet aux offreurs de produire des quantités sans cesse croissantes : on n'a, de mémoire d'économistes, jamais vu de producteur décider, de son plein gré, *de ne pas consacrer* ses gains de productivité d'une façon ou d'une autre à l'expansion de ses activités productives.

Les détracteurs de l'effet rebond, parce qu'ils croient que c'est un effet ponctuel ou sectoriel, voire individuel, le cherchent là où il n'est pas : dans la hausse de consommation globale *d'une seule ressource*, consécutivement aux économies réalisées sur la consommation individuelle de cette même ressource. Or, l'effet rebond n'est pas sectoriel ou individuel : il est global. Il est même sans doute le principe fondateur de la croissance capitaliste. Il est, pour paraphraser Schumpeter à propos des innovations, *"l'impulsion fondamentale qui met et maintient en mouvement la machine capitaliste"*.

Le problème est même encore plus grave désormais que ce que les théoriciens de l'effet rebond ont pu relever dans un premier temps. Car on en est au point où l'obligation de réduire nos prélèvements au niveau mondial ou national (en supposant qu'un quelconque système de gouvernance y parvienne un jour) se heurterait violemment aux volontés individuelles : ce n'est pas parce que les ressources utilisées se réduiront au niveau mondial que chaque individu se sentira obligé de moins en consommer pour lui-même. Il est même fort possible que la nouvelle de leur raréfaction (subie ou volontaire) provoque une dernière ruée sur elles, avant liquidation totale des ressources de la planète. Par conséquent, la réduction *globale* des ressources pourrait provoquer une hausse *individuelle* de leur consommation : une sorte de paradoxe de Jevons en sens inverse…

Il y a dans cet effet rebond l'explication de l'incapacité des innovations à sauver la croissance économique globale. Il est fréquent que mes étudiants me fassent part de leur incompréhension face à mes critiques des innovations productives, en s'appuyant sur leur expérience individuelle. L'argument est toujours le suivant : *"Si une innovation me rend effectivement plus productif, c'est-à-dire capable de produire plus de richesses avec moins de ressources qu'avant, pourquoi n'en serait-il pas de même pour l'économie dans son ensemble ? Si «* je *» peux économiser des ressources, pourquoi ne pouvons-«* nous *» pas le faire collectivement ?"*

Parce que toute innovation locale n'est qu'un prélèvement de plus dans le stock des ressources disponibles, *jamais un prélèvement de moins.* Comme ce prélèvement présente la belle faculté de produire plus (c'est même sa raison d'être !), en utilisant moins de ressources en moyenne par unité réalisée, *il ne peut pas* provoquer une économie globale sur les ressources. En fait, seules les innovations de type "Shadocks" qui auraient vraiment pour objectif d'être moins efficaces (et de le faire bien, conformément à la définition académique de l'efficacité) seraient économes en ressources. On ne lutte pas facilement contre l'effet rebond.

D'ailleurs, son "effet" complémentaire, *l'effet débond*, dû à François Schneider, n'est précisément pas un effet qui pourrait ponctuellement contrarier l'effet rebond : il est le seul mécanisme qui pourrait entraîner notre civilisation, si on le décidait un jour, vers la décroissance des déchets et l'"économie" progressive des ressources et de la biodiversité. Il faudrait pour cela *réduire la productivité*.

Car il ne reste comme avenir économique pertinent en termes de préservation de notre environnement, que la décroissance économique. Je veux parler de décroissance dans son sens économique le plus strict, à savoir la réduction annuelle du PIB sur une longue période. Dans la mesure où 80 % de l'énergie consacrée à la production et à la consommation dans le monde sont destructeurs de ressources rares et du climat, et en supposant qu'on ne pourra, dans un scénario très optimiste, remplacer que la moitié de ces fossiles par de l'énergie « propre », il faudrait encore réduire le PIB mondial d'au moins 3% par an jusqu'à 2050 pour atteindre un niveau supportable de production de déchets solides et gazeux.

Or, voici comment la baisse de la productivité pourrait nous aider : en produisant avec moins d'énergies fossiles, nous devrions devenir moins efficaces. Les hommes et les marchandises, par exemple, se déplaceront moins rapidement, les rendements agricoles baisseront et tout sera plus long à produire. Ainsi, ce ralentissement organisé de notre production, au lieu de nous libérer du temps, nous obligera à en consacrer de plus en plus aux activités essentielles. Les journées ne faisant que 24 heures, nous aurons moins de temps pour produire ou consommer d'autres choses, économisant de ce fait les ressources qui ne seront pas consacrées aux activités auxquelles nous renoncerons. Telle est la logique de l'effet débond.

Un tel objectif, s'il peut faire sourire ou inquiéter, n'est pas totalement aberrant. Car il existe une excellente raison de faire moins : c'est de faire mieux. C'est le rêve actuel de tous les salariés au bord du burn-out qui déclarent tous manquer de temps pour bien faire leur travail. Toute la logique des *low-tech* et de la décroissance repose sur cette proposition : en allant moins vite, on fera sûrement mieux. Pour nous et pour la planète. Et franchement, c'est la seule direction qui nous éviterait de sauter du pont sans élastique.

Mais c'est la meilleure façon de passer rapidement d'un monde (celui de la productivité) à l'autre (celui de la déproductivité).

En laissant les économistes se demander inlassablement s'il existe, ou non, la possibilité d'un pont.

Chapitre Quatre

Les escroqueries de la productivité individuelle

Occupons-nous maintenant du mensonge économique taillé sur mesure pour séduire tous les défenseurs de la méritocratie républicaine : *les salaires dépendent de la productivité individuelle qui augmente elle-même avec la formation et la qualification des travailleurs.* C'est une escroquerie majeure, dont les dégâts ne cesseront que lorsque tout le monde sera convaincu du contraire, à savoir que la productivité n'y est pour rien dans l'affaire, mais qu'elle est le prétexte le plus élégant qu'on ait jamais inventé pour justifier un partage inégal des richesses.

Petite mise au point : mes lecteurs les plus vigilants auront compris à quel point on peut dire que la recherche constante de la productivité maximale est la promesse la plus destructrice faite par les escronomistes. En générant de l'effet-rebond, ou tout simplement en baissant les prix, la productivité est déjà, en soi, le plus grand pousse-au-crime inventé par l'homme pour détruire son environnement.

Mais est-ce une raison pour ne plus demander à chacun de faire son maximum en cherchant à être toujours plus efficace ? Faut-il être parvenu à un tel point de culpabilité d'être un riche pollueur dans un monde de pauvres victimes de ces pollutions pour oser se poser en farouche adversaire de la recherche bienfaisante de productivité ? Car enfin, n'est-ce pas tout simplement humain que de chercher à faire toujours mieux et à ne jamais cesser de s'améliorer ?

Je pense au contraire, à mon âge un peu avancé, qu'il est au contraire très humain de chercher à ne pas aller trop vite. Toutes les personnes un peu âgées -excepté quelques millionnaires inquiets de perdre leur jeunesse et de mourir trop tôt- toutes les personnes vieillissantes, disais-je, se détachent peu à peu des promesses matérielles et comprennent à quel point l'essentiel n'est pas dans la surconsommation, mais uniquement dans ce qui permet de maintenir nos organismes en bonne santé[16] et de partager l'affection de nos proches. Le reste est certes agréable ou réjouissant, mais peut être remplacé avantageusement par n'importe quelle activité non marchande. Je ne dis pas que le monde marchand ne rend jamais heureux, mais il ne rend pas plus heureux que le monde non marchand. Nos sociétés de dépressifs en colère en sont de plus en plus la preuve.

De plus, il est une promesse que la recherche de productivité n'a jamais tenue : celle de nous débarrasser enfin des emplois aliénants. La notion marxiste qui reste la plus actuelle est celle d'aliénation : c'est l'idée selon laquelle le système capitaliste a détaché progressivement les travailleurs des fruits de leur production, en leur enlevant la maîtrise liée aux savoir-faire traditionnels. Globalement, nous sommes tous devenus de simples opérateurs pour machines ultra perfectionnées. En poussant sur les bons boutons, nous aidons le système productif à générer de la valeur. Que cette dernière soit accaparée par les capitalistes en général ou les actionnaires en particulier me paraît moins grave que le fait que *nous ne savons plus pourquoi nous travaillons*. Car tel est le principe de l'aliénation : dans le processus industriel, c'est le sens même de notre travail qui nous échappe. André Gorz parlait de triple dépossession du travailleur : celle de son outil de travail, mais aussi du fruit de son travail et de son travail lui-même.

Par exemple, pour parler du travail que je connais le mieux, celui d'enseignant, il y a déjà quelque temps que nous n'instruisons plus nos élèves pour leur permettre d'accumuler du savoir ni pour les aider à maîtriser le monde

---

[16] Ainsi, manger moins est préférable à manger plus, par exemple. Les exemples sont nombreux de réductions qui sont préférables à des accumulations : cela vaut pour les conquêtes amoureuses, le bruit, les logements, les animaux domestiques, et même parfois les relations sociales, dont la quantité ne compensera jamais la qualité.

environnant en le comprenant (comprendre = prendre avec). Nous faisons classe pour aider la grande machinerie sociale à garder les enfants pendant que leurs parents travaillent, pour certifier les jeunes avec des diplômes permettant de les répartir de la façon la plus efficace dans les différentes voies de formation du niveau supérieur. Ce qui était autrefois un moyen utilisé pour atteindre une fin (grandir intellectuellement nos élèves par le biais des diplômes) est devenu le but en lui-même. Et l'efficacité exigée de tout le système éducatif en termes de certification a fait perdre tout son sens à notre mission de départ.

Cela vaut pour beaucoup de métiers et je suis certain que mon lecteur ou ma lectrice retrouvera cette problématique dans sa profession, quelle qu'elle soit. Or, la recherche de productivité, depuis Smith, a toujours été présentée comme la façon la plus immédiate d'alléger le fardeau des tâches productives. Derrière chaque gain de productivité se cache la promesse d'un travail plus rapide et plus facile à faire. L'humanité rêve depuis belle lurette de se soulager des contraintes productives : les gains de productivité sont la récompense promise à ceux qui seront assez malins pour trouver comment se débarrasser de la pénibilité du travail. Même les marxistes, convaincus que le travail, qui est une noble activité, est à l'origine de toute création de richesses, caressaient l'idée que l'avenir des prolétaires pourrait passer par moins de travail de forçat. Récupérer la plus-value subtilisée par les capitalistes était une évidence, mais il y avait d'autres lendemains qui chantent dont on osait à peine parler : ceux qui verraient les ouvriers travailler deux heures à peine par jour pour satisfaire leurs besoins, en confiant aux machines le soin d'exécuter la part la plus pénible du travail industriel. Du Droit à la paresse de Paul Lafargue (gendre de Karl Marx) aux « Perspectives économiques pour nos petits-enfants », de Keynes, jusqu'à La fin du travail, de Jérémy Rifkin, en passant par les analyses passionnantes d'André Gorz, tous les analystes du système capitaliste, critiques ou partisans, ont un jour convergé vers l'idée que la recherche de productivité des travailleurs était le sésame vers un monde meilleur.

Avant de voir que notre avenir productif aura peu de chances de connaître une hausse continue de la productivité, je voudrais tordre le cou à l'idée selon laquelle la productivité servirait de clé de répartition des revenus. En clair, essayer de vous convaincre que vous ne gagnez pas mieux votre vie *parce que* vous êtes plus productif. C'est juste l'inverse : si vous gagnez bien votre vie, les économistes vont en déduire que ce doit être parce que vous êtes plus productif, justifiant après coup qu'on a bien eu raison de mieux vous payer. Et si vous êtes mal payé, quelque escronomiste de passage s'efforcera d'en déduire que c'est parce que vous étiez moins productif. Baliverne. Escroquerie monumentale.

La productivité individuelle n'existe pas.

Revenons un instant en cours d'économie. Qu'est-ce que la productivité, au fait ? Nous savons que depuis Adam Smith, c'est ce qui désigne l'efficacité productive d'un facteur de production, donc ce qu'un facteur de production permet de produire. Elle se mesure comme le faisait Smith avec les épingles de sa manufacture : on divise les quantités produites par le nombre de travailleurs qui travaillent à cette production.

Par exemple, si un boulanger avec un pétrin (pour faire la pâte) et un fournil (pour la cuire) produit 100 baguettes de pain par jour, sa productivité à lui est de 100 unités produites par travailleur. C'est bien sûr ce qu'on nomme la productivité *apparente* du travail, car s'il devait travailler sans pétrin il ferait un peu moins de baguettes par jour (il faudrait pétrir à la main), et sans fournil il n'en ferait même pas une seule. Il est fort possible, en vérité, que sans pétrin il puisse quand même produire ses 100 baguettes, à condition de pétrir la pâte à la main, ce qui lui prendrait juste un peu plus de temps. D'où l'idée, très pertinente, de calculer la productivité par heure de travail. S'il mettait 5 heures sans pétrin et 4 heures avec, sa productivité passerait de 100/5 = 20 baguettes par heure de travail à 100/4 = 25 baguettes avec pétrin. Les champions en maths diront que le pétrin a fait augmenter la productivité de son travail de +25 % (il fait un quart de baguettes en plus par heure de travail).

Voilà : les escronomistes sont heureux de vous avoir appris que notre boulanger a augmenté sa productivité d'un quart en organisant mieux son travail et par la grâce d'une innovation technologique. En concevant et en mettant en place un pétrin, il s'en est tiré lui-même (cette petite blague ne sert à rien du tout, mais elle me fait plaisir). Les mêmes fanatiques de la productivité n'ont pas du tout intégré à leur modèle que sans le pétrole, personne n'aurait eu l'énergie nécessaire pour extraire divers métaux des mines (ceux qui constitueront la cuve et le moteur du pétrin) ; que sans carburant, ce métal n'aurait pas ni été transformé en pétrin ni transporté jusqu'à sa boutique ; et que sans électricité, son pétrin n'aurait rien pétri et l'aurait remis dedans (ok, j'arrête...).

Mais j'ai déjà dénoncé l'escroquerie des modèles de production sans facteur énergétique au début de cet essai, et je ne vais pas m'appesantir dessus. Pas plus que je ne rappellerai que ces gains de productivité sont à l'origine de la croissance constante de la production par le mécanisme de l'effet rebond. Car il y a encore un paquet d'autres mensonges autour de la productivité que je voudrais mettre en évidence ici. Dans l'ordre, ils peuvent se décliner ainsi :

1/ On connaît la productivité individuelle de chacun

2/ La rémunération de chacun dépend de sa productivité

3/ La productivité dépend de la formation individuelle

4/ Le travail improductif ne vaut rien alors que la rémunération selon la productivité récompense le mérite.

5/ Bonus théorique : La productivité marginale est décroissante.

Si vous faites l'effort de me suivre, vous ne devriez pas être déçu. Car, dans ce domaine, les escronomistes sont de fieffés menteurs. Et ils le sont sur le dos des plus faibles.

On ne connaît pas la productivité individuelle de chacun

Les exemples donnés par les économistes sont toujours plaisants à entendre : on vous parle de production d'épingles ou de baguettes de pain, ce qui permet de bien visualiser l'affaire et de se dire que oui, au fond, ça marche assez bien leur histoire. Mais il s'agit de purs sophismes, ou de mensonges savants, et je compte bien semer au moins le doute dans votre esprit[17]. Où est l'entourloupe, alors ? Dans le fait que la production est le résultat de l'agencement de plusieurs facteurs de production, dont on a déjà dit qu'ils sont tous nécessaires, mais dont aucun n'est suffisant. C'est d'ailleurs ce que les économistes soulignent quand ils parlent de productivité *apparente* du travail. On ne sait pas ce que produirait le travail tout seul, pour la bonne raison qu'il ne produirait presque rien. Or, le problème, c'est qu'une fois qu'ils ont admis que cette productivité par travailleur n'est qu'un subterfuge qui cache mal le fait qu'ils sont aidés par des machines (et par l'énergie qu'elles consomment, mais ne relançons pas le débat), les économistes s'emparent de ces calculs de productivité pour en tirer de nombreuses conséquences sur le prix du travail.

---

[17] Il faut des années pour changer ses représentations du monde. Soit vous êtes déjà d'accord avec moi et vous serez ravi de m'entendre confirmer ce que vous pensiez déjà (ou dont vous aviez l'intuition). Soit vous n'êtes pas d'accord : auquel cas écrivez-moi, formulez vos objections et voyez si ma démonstration résiste ou non à vos arguments. C'est ainsi que la pensée progresse.

Mais les escronomistes, et en particulier les économètres (ceux qui mesurent les indicateurs économiques), ne se formalisent jamais de l'imperfection de leurs indicateurs. Pour une raison qui est très révélatrice de leur obsession croissanciste : ils disent que si l'on se trompe toujours de la même façon en fabriquant un indicateur, il n'y a aucune raison pour que l'évolution de celui-ci ne reflète pas la réalité observée avec précision. Par exemple, si votre pèse-personne se trompe d'un kilo systématiquement pour donner votre poids, cela ne l'empêche pas de vous dire avec précision que vous avez pris du poids en passant d'un (faux) 80 kilos à un (faux) 85 kilos. Or, on sait que seule la croissance de leurs indicateurs obsède les escronomistes. Ainsi, que le PIB soit une grossière évaluation réalisée sur la base d'enquêtes auxquelles peu d'entreprises répondent n'a guère d'importance pour les comptables nationaux : l'évolution du PIB, même s'il est mesuré de façon approximative, peut être elle-même d'une grande précision. C'est aussi l'une des raisons qui rend certains statisticiens dubitatifs quant à l'idée d'améliorer sans cesse leurs indicateurs : car les changements méthodologiques créent des distorsions entre les séries statistiques qui les rendent plus difficilement comparables.

On a vu, dans le premier chapitre, que depuis Robert Solow on considère que la productivité globale des facteurs correspond à la hausse résiduelle du PIB, celle qui n'est pas expliquée par la hausse des quantités de facteurs de production mobilisés, travail et capital. Il existe donc bien une productivité globale, et je ne veux pas dénoncer le fait *que cette productivité globale existe,* mais qu'on s'obstine à l'augmenter alors qu'elle a des conséquences délétères sur l'environnement. La productivité globale des facteurs, due aux énergies fossiles plus qu'au progrès technique, est un cancer dont il faut soigner nos sociétés. Mais la question est de savoir : comment une telle productivité globale peut-elle exister, si l'on ne connaît pas les productivités individuelles ? On retrouve ici le problème de l'absence de pont entre la dimension micro-économique d'un problème, au niveau individuel, et sa dimension globale ou macro-économique. Les productivités individuelles peuvent être inconnaissables sans que cela empêche que leur réunion aboutisse à une productivité globale dont on peut mesurer l'évolution. Il est donc possible que le tout ne soit pas la somme des parties.

Mais peu importe : que la productivité globale soit ou non la somme de toutes les productivités individuelles, elle est la plupart du temps impossible à mesurer et à connaître. Et c'est pourtant ce que font les escronomistes pour des raisons que nous allons voir maintenant.

La rémunération ne dépend pas de la productivité

On a beau chercher, on ne trouve pas une seule trace d'un lien incontestable entre productivité individuelle et niveau de rémunération. Thomas Piketty a cherché, mais n'a pas trouvé[18]. La première raison, c'est que la productivité de nombreux emplois est inconnaissable, impossible à mesurer. Je vous parlais des exemples simples et élégants pris par les escronomistes pour faire leurs démonstrations. Il s'agit toujours de production de marchandises simples. Vous ne trouverez pas un seul manuel d'économie qui explique la productivité dans les services : car cela n'a juste pas de sens. Quelle est la productivité d'une infirmière ? Le nombre de patients qu'elle a soignés ? Guéris ? Rassurés ? Qui ont été piqués ou transfusés ? Tout dépend de ce que l'on considère être la nature du travail d'une infirmière. Cela vaut pour un nombre considérable d'emplois. Dans mon tout premier

[18] À lire dans son ouvrage L'économie des inégalités.

livre[19], je m'étais attaché à montrer que la productivité d'un enseignant est une chose impossible à mesurer. Et que si on me payait au nombre d'élèves qui obtiennent leurs diplômes, par exemple, je me dépêcherais de leur en donner un à tous pour améliorer ma productivité et ma rémunération en conséquence. En fait, trop d'emplois consistent à atteindre des objectifs complexes pour qu'on puisse mesurer leur productivité.

C'est pour cela que pour illustrer la notion de productivité on reste sur des exemples de travailleurs qui « sortent » une production mesurable en volume et que l'on regarde si celle-ci augmente, et leurs revenus avec. Sauf que Thomas Piketty montre que l'on n'a jamais établi de lien entre l'évolution de la productivité individuelle que l'on parvient bon an mal an à mesurer et l'évolution des salaires correspondants. Finalement, tout ce que finissent par faire les économistes c'est d'expliquer l'inverse, en disant que si certains sont mal payés, c'est « certainement » parce qu'ils sont moins productifs. Et la preuve est juste que s'ils étaient plus productifs on les paierait mieux. Mais on tourne en rond, et jamais la preuve n'est faite qu'il existe une productivité individuelle indiscutable et que celle-ci mérite d'être mieux rémunérée.

La productivité ne dépend pas de la formation

Sans se décourager, les escronomistes qui ne savent pas mesurer la productivité individuelle, mais font semblant pour pouvoir justifier les inégalités de salaires, vont chercher à expliquer les écarts de productivité individuelle. Et il semblerait que la formation soit une cause évidente de ces différences de productivité. Sauf que l'évidence, une fois de plus, est mauvaise conseillère. Car c'est un truisme, une banalité, de dire que quelqu'un de formé est plus compétent que quelqu'un qui ne l'est pas. Et que c'est

[19] Mon professeur bien hai…mé, L'Harmattan, 2002.

certainement ce qui le rend plus productif. Or, les contre-exemples se ramassent à la pelle ! Le nombre de gens formés, qualifiés et diplômés dont le travail ne produit à peu près rien d'utile (ou rien de concret du tout, même indirectement) est considérable. Or, ils sont parfois très bien payés. D'ailleurs, étant très bien payés, on en déduit à la fois que c'est la preuve qu'ils sont productifs, on l'a vu, mais aussi qu'ils sont bien formés !

Je ne peux résister à l'envie de prendre l'exemple d'un secteur d'activité qui, selon moi, ne résistera pas longtemps dans un monde où se réduisent fortement les ressources productives : celui de la publicité. La publicité ne produit rien. Elle contribue à augmenter les coûts et les prix, dans la mesure où les consommateurs sont prêts à payer plus cher pour acquérir des produits socialement plus prestigieux. Les publicitaires améliorant les profits de leur entreprise, ils sont bien payés. Et comme leurs campagnes ont du succès et que ce succès est rémunérateur, on en déduit que leur formation en école de commerce a été excellente et a réussi à faire d'eux des salariés productifs méritant d'être bien payés. Au bout du compte, cependant, si les consommateurs parviennent à acheter plus de produits, ce n'est pas grâce au travail des publicitaires, mais à celui des machines et des travailleurs (et de l'énergie, bien sûr) qui ont fabriqué ces produits.

Or, quelqu'un a décidé un jour qu'il est plus important pour l'entreprise de savoir attirer les clients que de leur fabriquer les biens qu'ils demandent. Mais ceci est une affaire de pouvoir, pas de productivité. Si les balayeurs de l'entreprise parvenaient à convaincre les actionnaires que leur travail est bien plus essentiel que celui des commerciaux, ils seraient plus rémunérés sans que leur productivité y soit pour quoi que ce soit. Dans un monde où le prolétariat retrouverait fierté et dignité, on pourrait décider que le travail pénible des agents de nettoyage mériterait d'être plus payé que n'importe quel autre travail : on en déduirait sûrement que leur productivité est supérieure à celle de ces feignants de publicitaires. Et je ne doute pas qu'on inventerait alors une longue et inutile formation pour justifier leurs nouveaux salaires.

Le travail ne récompense pas le mérite individuel

Comme je suis assez malin, et si vous êtes assez attentif ou attentive, vous aurez remarqué que j'ai introduit ce chapitre en évoquant la méritocratie républicaine. Tout le monde est favorable au mérite dans nos démocraties libérales. Tout le monde ? Non. Car un certain nombre de philosophes[20] et d'économistes marginaux, sont convaincus que l'idéologie du mérite est, au mieux un mal nécessaire, au pire une belle escroquerie. Les raisons sont nombreuses et mériteraient un essai entier pour les développer. Mais je voudrais en évoquer deux. La question du mérite de ceux qui ne produisent rien de marchandisable et celle du mérite de ceux qui ne savent rien faire d'autre qu'exister.

La question de la productivité des activités non marchandes a été beaucoup développée par les critiques du PIB, comme Jean Gadrey ou Dominique Méda. On a vu au point précédent que finalement, plutôt que de production par individu, la productivité s'intéresse bien plus à la valeur que les travailleurs permettent à leur entreprise de dégager et qu'elle n'est rien d'autre que l'idée que se fait cette même entreprise de leur contribution réelle à la création de valeur. Qu'en est-il de ceux qui travaillent bénévolement ou sans rémunération ? Officiellement, leur productivité est nulle : ce sont juste des improductifs. C'est le cas des bénévoles d'associations, des mères au foyer, des enfants qui aident aux tâches domestiques. Or, il est indiscutable que tous ces gens-là sont fort utiles à la bonne marche du monde

[20] Je pense en particulier, mais il n'est pas le seul, au livre de Mickael J. Sandel, La tyrannie du mérite.

marchand. Mieux encore : les amis qui remontent le moral de leurs copains et copines en détresse, les artistes du dimanche et les jardiniers qui rendent le monde plus beau, les donneurs de coups de main permanents sur lesquels on peut toujours s'appuyer émettent, comme on dit en économie, des externalités positives, à savoir des gains dus à leurs actions, mais pour lesquels ils ne sont pas récompensés par un prix de marché.

Or, « le monde est plein d'externalités positives », aime dire Joseph Stiglitz à juste titre. Pourtant, toutes ces contributions au travail collectif ne sont simplement jamais rémunérées. Comment peut-on dire, alors, que le salaire rémunère le mérite s'il ne rémunère pas tous les gens méritants ? Qui mérite d'être récompensé par la récupération d'une part de la richesse marchande ? Pour les escronomistes, ce sont juste les participants au monde productif, et désignés comme tels, ceux qui sont en mesure d'afficher un certificat de compétence, ou un titre quelconque. Mais au nom de quoi seraient-ils les seuls à profiter du fruit des richesses créées par toute la société ?

Dans Merci les pauvres ! j'avais pris le temps de dénoncer ce qui me semble être la pire des conséquences du mensonge de la productivité individuelle. Le fait que les personnes handicapées ne peuvent pas tirer le moindre revenu dans des circonstances pareilles et s'octroyer le moindre mérite. Or, le handicap est une situation qui peut être élargie de façon assez importante : les événements de la vie (divorce, enfant malade, parent en fin de vie, etc.) créent des handicaps provisoires ou durables qui empêchent les personnes de s'impliquer dans des formations prestigieuses menant à des emplois bien rémunérés. Dans Enfances de classes, Bernard Lahire a montré avec une équipe de sociologues ayant fait un énorme travail de terrain, que dès 6 ans, les conditions matérielles et culturelles sont réunies pour permettre ou empêcher un enfant de réussir sa scolarité. Alors, qui a du mérite, là-dedans ? Pour les enfants de pauvres, c'est toujours la double peine, on le sait bien : vivre dans la pauvreté est une épreuve en soi, mais ne pas parvenir à étudier et à accéder à un emploi bien rémunéré est une punition supplémentaire. Dont hériteront les générations suivantes.

Certes, les économistes qui travaillent sur la justice sociale, Stiglitz en tête, vous diront que tout ceci est une bonne raison pour cibler toute la redistribution sur les plus démunis. Je ne peux pas les désapprouver. Mais il serait plus efficace encore de dénoncer le fait que les escronomistes nous mentent en valorisant un modèle théorique qui justifie un système aussi injuste. Car s'il n'y a aucune façon sérieuse de mesurer la productivité individuelle, pourquoi certains touchent-ils des rémunérations si élevées, aussi éloignées de celles touchées par ceux qui ne peuvent pas faire semblant d'être compétents en passant par la grande machine à certifier les individus qu'est devenu le système scolaire ? Si les économistes n'étaient pas des bonimenteurs, ils diraient qu'ils n'ont pas d'argument économique pour justifier les inégalités de salaires. Et que tout ceci n'est pas une affaire économique, mais une affaire politique.

La productivité n'est ni croissante ni décroissante

Je suis tellement outré que les escronomistes aient pu élaborer des modèles théoriques qui justifient les inégalités sociales au nom d'une performance impossible à mesurer que je ne peux m'empêcher de leur donner un dernier coup de pied de l'âne, pour être bien sûr de les laisser KO. Car les modèles économiques posent plein d'hypothèses liées à la productivité, dont une sur laquelle je vais m'arrêter pour finir ce chapitre : l'hypothèse de la productivité marginale décroissante. Cette supposition théorique avance que les premiers travailleurs ou les premières heures travaillées sont toujours les plus productives. Et que par la suite, les heures accumulées ou les travailleurs suivants le sont de moins en moins. Évidemment, c'est une pure supposition. Car cela n'a pas pu être vérifié, pour la bonne raison que la productivité individuelle n'est pas mesurable ! Mais, une fois de plus, cela n'a pas empêché les escronomistes de placer au centre de leurs analyses le fait que chaque travailleur supplémentaire est de moins en moins productif. Ils l'ont fait, car sans cela, leur modèle s'effondrerait.

J'en ai déjà parlé lorsque nous avons évoqué la loi des rendements décroissants. La courbe d'offre de biens n'augmente avec les prix que parce que l'on a posé, de façon très contestable, que les rendements des entreprises sont décroissants[21]. Si les rendements croissaient, plus une entreprise grandirait, plus ses prix baisseraient, donc plus elle serait compétitive. Si bien qu'elle finirait par être en situation de monopole sur son marché ! Il serait dommage, convenons-en, qu'un modèle concurrentiel pose une hypothèse qui aboutirait à coup sûr à la disparition de la concurrence…

Mais sans cette hypothèse, la courbe d'offre irait en décroissant et il se pourrait alors qu'aucun prix d'équilibre ne soit possible ! Or, vous savez maintenant qu'un économiste sans prix est comme un navigateur sans boussole. Alors, tant pis : posons que les rendements sont décroissants même si c'est souvent faux. De la même façon, posons que la productivité du travail est décroissante. Ainsi, cela expliquera pourquoi, plus ils embauchent, plus les entrepreneurs paient mal les salariés. Ainsi, sur le marché du travail où la demande est faite par les entreprises, la courbe de travail décroît selon le prix. Là aussi, il n'y a aucune raison que ce soit absolument vrai, puisque ça n'a jamais été vérifié : mais si on ne le suppose pas, il faut jeter aux orties le modèle néoclassique.

---

[21] Attention : quand les rendements *décroissent*, les coûts de production *augmentent* quand les quantités produites sont plus nombreuses.

Comment ça ? Ce ne serait pas une grosse perte, dites-vous ? Je ne suis pas tout à fait d'accord. Car cela fait plus de trente ans que je m'échine à faire comprendre ce qui se passe dans la tête de ces escronomistes. Et une fois que cela sera bien connu, et alors seulement, on pourra renvoyer ces bouffons remâcher entre eux dans leur coin leurs raisonnements catastrophiques aux conséquences désastreuses. Mais pas avant que tout le monde ait compris que ce qui semblait être des promesses d'enrichissement sans fin n'était qu'une immense entreprise de prédation sur le vivant et de justification des inégalités générées par ce même système.

Avant de revenir, au dernier chapitre, sur cette question essentielle des inégalités, il nous faut maintenant entrer sur le terrain de jeu préféré des économistes : celui de la monnaie et de la finance. Nous allons voir que, comme pour les innovations, l'argent doit cesser une bonne fois pour toutes d'être considéré comme la solution à tous nos problèmes économiques. Car la monnaie elle-même, et le prix auquel on l'achète, constituent précisément une partie non négligeable du problème de la croissance.

Et le pouvoir d'achat, dans tout ça ?

Avec la question du pouvoir d'achat, tous les acteurs politiques, des électeurs aux élus, en passant par les corps intermédiaires (syndicalistes, économistes, et experts de tout poil) tout le monde se retrouve en terrain connu.

Mais la question, et c'est un vrai problème, est toujours traitée sous l'angle du "toujours plus". Le pouvoir d'achat, avait remarqué Alfred Sauvy, est toujours inférieur d'un tiers à ce dont les gens rêveraient pour vivre bien. À tel point que quand on revient voir les gens plusieurs années après qu'ils ont connu une hausse d'un tiers de leur pouvoir d'achat, ils considèrent que dans l'idéal ils auraient besoin d'une hausse... d'un tiers supplémentaire de leur pouvoir d'achat pour être parfaitement heureux.

Ce tonneau des Danaïdes trouve sa raison d'être dans l'illimitation des besoins en économie marchande. "Trop n'est jamais assez" comme on dit en américain. Quel que soit votre niveau de revenus et de consommation, il restera toujours plus d'achats *que vous n'avez pas faits* que de dépenses réalisées. Le système est fait comme ça, et il survit pour cette raison : tant qu'il restera une seule personne frustrée d'une seule consommation qu'elle n'a pas pu faire, le capitalisme marchand aura de beaux jours devant lui.

Pourtant, les beaux jours s'assombrissent. Car il va être de plus en plus difficile d'offrir aux gens ce qu'on ne peut pas facilement leur vendre à bon marché. Or pour calmer la colère qui va aller croissante, il faudra réfléchir à offrir quatre choses.

Tout d'abord, il manque aux gens des savoir-faire que le marché leur a volés, car ce sont des clés essentielles pour qu'ils puissent se passer d'une grande partie de leurs achats. Il leur manque aussi du temps, pour mettre en œuvre ces savoir-faire. Le manque de reconnaissance, dont on parle peu, mais qui est toujours caché derrière les revendications sociales, se résorbera si les gens redeviennent maîtres d'une partie de ce que l'on fait à leur place. Ce sera le moyen d'en finir avec l'infantilisation extrême à laquelle les a condamnés le monde marchand.

Mais pour que tout cela advienne, plus que du pouvoir d'achat, c'est de pouvoir tout court dont manquent les gens.

Chapitre Cinq

L'argent et la finance font tourner le monde

L'argent fascine, c'est peu de le dire. Il fascine autant ceux qui en ont que ceux qui en manquent. Parce qu'elle est le bien universel permettant de posséder tous les autres, la « monnaie », pour parler comme les économistes, est la marchandise la plus universellement convoitée, souvent après l'eau, source essentielle de la vie. La monnaie est même plus désirée que l'eau dans les sociétés où la seule eau disponible est une eau-marchandise, par exemple dans nos villes.

L'essai que vous lisez en ce moment n'a aucune prétention à se poser en traité de théorie monétaire. Mais je vous propose de suivre notre fil directeur : il va nous permettre de comprendre ce qui ne va pas dans la vision dominante de la monnaie que partagent la plupart des économistes. Pour cela, je dois revenir sur leur postulat de départ, le mensonge fondateur des économistes : l'accumulation incessante des richesses produites et transformées par les activités humaines serait possible. Or, elle ne l'est pas et doit même se réduire de façon considérable au cours des deux générations à venir. Pour ceux qui auraient lu un peu vite les chapitres introductifs, la raison essentielle est que ces activités produisent des déchets ultimes, c'est-à-dire impossibles à recycler, dont l'accumulation dans l'atmosphère et dans nos organismes est une menace directe pour nos conditions de vie sur terre et pour celles de nos descendants.

Je vais donc m'intéresser à tout ce qui, dans l'argent, favorise l'accumulation des richesses et stimule la croissance économique. Au cœur de ce mécanisme, on trouve deux causes majeures : le profit et le taux d'intérêt. Pour le comprendre, il faut analyser le cycle de la monnaie.

Faire de l'argent avec de l'argent

Pour Marx, comme pour Smith, dans les sociétés non capitalistes, mais monétaires, l'argent est un outil facilitant la production et les échanges[22]. Ainsi, une marchandise (M) va-t-elle donner lieu à une vente et à l'acquisition d'une somme d'argent (A) qui elle-même permettra d'acquérir une autre marchandise (M'). Marx résume cela par l'enchaînement suivant :

$$M \rightarrow A \rightarrow M'$$

Mais la particularité du système capitaliste, selon Marx, est de donner les moyens aux capitalistes d'accumuler leur capital et de le faire fructifier. Dans un premier temps, cela passe par la production de marchandises, selon l'enchaînement suivant, conforme au premier :

$$A \rightarrow M \rightarrow A'$$

En transformant son capital (A) en marchandises (M), le capitaliste compte bien en tirer une somme A' qui sera supérieure.

Rien d'extraordinaire à cela : tout le monde sait ce qui motive les individus dans une société capitaliste, et la soif d'argent est presque une vertu. Autrefois, l'avidité ne fut qu'un jugement de valeur d'ordre religieux permettant de dénoncer ceux qui s'intéressaient plus à leur richesse matérielle qu'à leur vie sociale et spirituelle. De nos jours, chercher à « faire de l'argent » n'est mal vu que par une poignée d'Amish qui condamnent toujours Mammon, incarnation biblique de l'argent corrupteur. Cet argent est dans les écrits religieux l'un des princes de l'Enfer. Il est dénoncé dans l'épisode du veau d'or, qui survient au cours

[22] Cela ne résume pas, loin de là, l'ensemble des fonctions sociales de la monnaie. Pour en avoir une vision historique très complète, se remporter à l'ouvrage majeur de David Graeber : Dette, 5000 ans d'histoire.

de l'exode des juifs égyptiens que Moïse guidait vers la Terre promise. Mais si je n'avais à ma disposition que d'antiques textes bibliques pour dénoncer la vision dominante de l'argent par les économistes, je ne serais pas fidèle à ma promesse : montrer que les économistes nous font des promesses objectivement intenables. Or, l'accumulation de monnaie est une telle promesse.

Pas en théorie, certes. Car sur le papier, cela fonctionne très bien et pourrait continuer pour les siècles des siècles. Avec une petite condition, cependant, mais connue depuis longtemps : effacer les ardoises régulièrement. David Graeber rappelle que notre société n'est pas la première, et sans doute pas la dernière, à accumuler des dettes qui finiront par ne pas pouvoir être honorées. Mais ce n'est pas si grave. Les sociétés humaines ont pris l'habitude de s'endetter massivement, en particulier pour financer des conflits armés. La dette, plus que l'argent lui-même, est le véritable nerf de la guerre. L'accumulation de ces dettes permet l'accumulation de richesses matérielles ou symboliques jusqu'au moment où il faut mettre un terme à cette accumulation, pour des raisons que nous évoquerons bientôt. Il se trouve, par ailleurs, que la monnaie possède cette particularité, outre d'être très désirée, d'être la marchandise la moins coûteuse à produire, ce qui tombe assez bien.

Ceux qui l'ignorent noteront avec profit que chaque fois qu'une banque fait crédit à ses clients, elle crée la monnaie correspondante par un simple jeu d'écriture. Certes, il est possible que la banque en question doive ensuite une partie de cette monnaie créée aux autres banques, ou à la banque centrale, mais pris dans sa globalité, le système bancaire n'est pas limité dans sa capacité à créer de l'argent. Et c'est cette absence de limites qui pose problème. Non pas parce qu'elle déstabilise nos économies, comme on l'a vu en 2008 et depuis cette date. Si la création monétaire n'avait comme simple conséquence que de créer des cycles monétaires (ce qu'elle fait), il n'y aurait pas d'escroquerie dans la défense de la monnaie-dette. Le problème est ailleurs. Il est, encore et toujours, dans l'accumulation et dans la croissance.

La croissance monétaire

Nos sociétés font face à un essoufflement de la croissance qui ne parvient plus à être ni *extensive*, par impossibilité de mettre plus de monde et plus de machines au travail, ni *intensive*. Car les dernières innovations ne tiennent plus les promesses tenues par celles qui reposaient sur une exploitation très efficace des énergies fossiles – voitures, Internet… Par conséquent, pour faire face à ce ralentissement de la productivité globale des facteurs de production, dès la fin des années 60, nos économies avancées ont commencé à faciliter le crédit, de manière à accroître les occasions d'investissements et de consommation qui tirent la croissance. Ce faisant, la hausse des crédits a créé sa propre autolimitation. Je vais vous expliquer pourquoi.

Nous avons dit que lorsqu'elle fait crédit, une banque commerciale crée de la monnaie. Tant que les banques prêtent, la quantité de monnaie en circulation (la masse monétaire) augmente tranquillement. Il est possible que cela pousse les prix vers le haut, mais en période de mondialisation et de réduction globale de l'ensemble des coûts de production, cela ne l'a pas fait. Certes, on a vu apparaître des bulles d'actifs : c'est-à-dire que le prix de certains placements a augmenté de façon spectaculaire. Les logements en particulier, mais aussi les titres boursiers, actions ou obligations, ou tous les dérivés de crédits inventés par les banques commerciales pour profiter à plein de ces mouvements de hausse. Avec plus d'argent en circulation, les occasions de faire de l'argent se multipliaient.

Le problème est qu'une dette est faite pour être remboursée. Or, les premiers qui remboursent provoquent la disparition d'une partie de la masse monétaire à chaque remboursement. Cette destruction monétaire n'est pas grave, dans les premiers temps, car elle est inférieure aux nouveaux crédits consentis. Mais si l'on prête beaucoup et longtemps, le nombre de gens susceptibles d'emprunter va se réduire peu à peu, alors que le nombre d'emprunteurs qui remboursent va progressivement se multiplier. Jusqu'au jour où la quantité de monnaie détruite par les remboursements va devenir supérieure à la quantité nouvelle de monnaie créée. On arrivera alors aux limites des bienfaits de la création monétaire. La crise COVID, qui a obligé les États, pour y faire face, à accélérer la création monétaire, nous a fait de nouveau atteindre ce point limite. Nous sommes condamnés pour des années, une génération au moins, à rembourser nos dettes.

Parvenus à ce point de l'analyse des méfaits de la monnaie, les avis des économistes divergent.

Les plus libéraux, défenseurs des rentiers accumulateurs de richesses, et potentiellement prêteurs de capitaux plus qu'emprunteurs, estiment qu'il faut « rendre l'argent ». Dans le même temps, comme ils ne sont pas décroissancistes, ils estiment que ce ruissellement de l'argent en sens inverse, des pauvres emprunteurs vers les riches prêteurs, permettra à ces derniers de continuer d'investir dans des innovations créatrices de richesses nouvelles. Tout est en place pour faire exploser les inégalités, mais qu'importe : la croissance sera sauve.

Les keynésiens, eux, ont appris de leur maître de Cambridge que la monnaie ne doit pas être un outil d'asservissement, mais doit juste être mise au service des activités humaines. Ainsi, si l'accumulation des dettes devient un problème, effaçons-les. Ou faisons-les *rouler,* comme on dit joliment : c'est-à-dire empruntons de quoi rembourser nos dettes ! Oui, vous avez bien lu : puisque l'argent est la marchandise la moins coûteuse à produire, demandons aux banques centrales qui ont le monopole de son émission d'en émettre suffisamment pour rembourser celle que l'on doit jusqu'à présent. Avec la promesse que l'on n'aura pas à rembourser ces nouveaux crédits. Ce mécanisme consiste à geler la dette actuelle dans les comptes des banques centrales. Et, surtout, cela permet de repartir vers un nouveau cycle d'endettement. Avec, pourquoi pas, la promesse que la prochaine monnaie créée sera mise au service de la transition énergétique et pourquoi pas (on en parlera au dernier chapitre) de la réduction des inégalités.

Voilà comment les économistes gèrent la contrainte monétaire : en s'y soumettant au prix d'une hausse des inégalités, ou d'un financement de la lutte contre les dégâts de la croissance. Choisissez votre camp. Dans les deux cas, vous vous ferez le complice du mensonge universel des économistes sur la monnaie.

La monnaie ne sauvera pas le monde

Car tous les escronomistes, quels qu'ils soient, pensent que la monnaie est l'outil le plus puissant pour régler nos problèmes économiques. Or, c'est faux. Si la pauvreté elle-même avait été un problème de manque d'argent, la création monétaire insensée connue depuis 20 ans aurait dû régler le problème depuis longtemps. Non, la création monétaire ne réglera aucun problème : ni en termes d'inégalités ni en finançant la transition énergétique. C'est précisément le contraire. La monnaie, comme la productivité, est un pousse-au-crime, quelle que soit la façon dont on l'utilise. Elle ne pourra qu'aggraver nos problèmes. Je n'avance pas une opinion morale, ici, et je laisse les religieux dénoncer Mammon comme il leur plaira (j'aurais pourtant du mal à leur donner tort, même si je ne crois pas aux princes de l'Enfer). Il est possible de montrer que l'argent porte en soi, dans sa logique économique, tout ce qu'il faut pour alimenter une machine croissanciste qu'il faut impérativement ralentir, à défaut de pouvoir l'arrêter en pleine course. Ce n'est que comme ça que l'on calmera la production de déchets et l'entropisation croissante du monde, comme le disent les physiciens.

Car le carburant de la croissance le plus pernicieux est celui offert par la ressource la plus convoitée par les humains : la monnaie. Je répète une fois de plus que si la croissance était une promesse viable, je rangerais mes critiques perfides, mon mépris de l'argent, et je laisserais les économistes chanter les bienfaits de l'enrichissement monétaire, que cela plaise ou pas aux contempteurs du prince Mammon. Mais comme, il n'est pas possible de croître plus, et que cela constitue le mensonge premier des escronomistes, il faut dénoncer les autres mensonges qui alimentent celui-là. Or, la monnaie telle qu'elle est créée dans nos économies, est un facteur de croissance. Une croissance cyclique, certes, mais un facteur de croissance quand même. L'explication vient du fait que le prix de la création monétaire est lui-même un phénomène croissanciste : il s'agit du taux d'intérêt.

On sait que les intérêts sont ce que l'on donne à nos créanciers pour les remercier de nous avoir fait crédit. Mais d'où vient cette somme qui constitue les intérêts ? De l'espoir que demain nous gagnerons plus qu'aujourd'hui. Nous reparlerons de ce mécanisme dans le chapitre suivant. Je voudrais juste insister, pour l'instant, sur le fait que les taux d'intérêt sont directement liés à la logique de croissance et d'accumulation. Sans croissance, pas de taux d'intérêt. Et sans taux d'intérêt, pas de croissance ou d'accumulation de revenus.

Alors bien sûr, on doit saluer la suite dans les idées dont font preuve les escronomistes. Ils aiment la croissance, chérissent l'argent et bénissent les intérêts cumulés. Je n'ai d'ailleurs jamais dit que leurs modèles sont incohérents : ils sont juste inconséquents. C'est-à-dire qu'ils se fichent éperdument des conséquences de ce qu'ils prônent et qui va systématiquement dans le même sens : celui de la destruction méthodique et croissante de nos ressources rares, du climat et de la biodiversité. À ce titre, la pensée croissanciste n'est pas vraiment efficace économiquement parlant. Car, selon un chiasme bien connu des étudiants en économie, l'efficacité consiste à *faire bien* les *bonnes choses*.

Or, depuis le départ, les escronomistes font *très efficacement* les *mauvaises choses*. Ils le font en partie poussés par une peur de la mort qui est mauvaise conseillère en matière d'économie des ressources rares. C'est précisément ce que nous allons tenter de comprendre dans le prochain chapitre.

Chapitre Six

À long terme, nous (et la croissance) serons tous morts

Les économistes ne sont pas équipés pour penser le temps long. Ce n'est pas choquant en soi, car cela provient de la nature même des activités marchandes. Quand vous montez une affaire, vous savez qu'il n'y aura une année 2 que si l'année 1est prometteuse, qu'il n'y aura une année 3 que si l'année 2 est assez bonne et d'année 4 que si l'année 3 est profitable. En fonction des exigences de vos créanciers, il est même possible que, dès l'année 1, les exigences de profitabilité conditionnent la poursuite de vos activités l'année ou le trimestre suivant.

"Il n'y a pas de repas gratuit", aiment dire les économistes pour signifier que tout se paye et que si l'argent ne rentre pas, aucune activité ne peut durer. Rien de choquant, disais-je, à un tel *principe de réalité* économique. Car personne ne travaille pour un futur très lointain, ou seulement par incidence. La *préférence pour le présent* est toujours la règle dominante, en économie. C'est d'ailleurs pour elle que l'on a inventé le prêt à intérêt. L'emprunt est la forme la plus évidente, en économie, de la préférence pour le présent. Un agent "à besoin de financement", comme on dit, et qui comme son nom l'indique, cherche à réunir des capitaux, pourrait fort bien décider d'attendre un peu et d'épargner de quoi réunir cette somme avant de la dépenser. Mais non : celui ou celle qui consomme à crédit veut profiter tout de suite de son bien. Il est donc disposé à le payer un peu plus cher pour se le procurer immédiatement. Le "un peu plus cher", vous l'aurez compris, correspond exactement au montant des intérêts qu'il versera à son prêteur.

Pendant des siècles, l'Église catholique a dénoncé cette façon pour les prêteurs de faire de l'argent "sur le dos" de la création divine : car les intérêts sont le prix de l'argent, mais aussi, et surtout, *le prix du temps*. Il était alors conforme aux valeurs dominantes de dire aux individus que *« la patience [était] mère de toutes les vertus »* et que *« tout [viendrait] à temps à qui sait attendre »*. C'est d'ailleurs ce que la nature avait appris depuis toujours aux populations rurales. Logiquement, il n'y avait alors ni taux d'intérêt, ni croissance économique. Ou si peu[23].

En revanche, à partir de la révolution industrielle, pour un entrepreneur, cette préférence pour le présent est devenue une nécessité si l'on voulait permettre à tout le monde d'entreprendre : car les emprunts qui permettent de lancer une affaire seront payés par les profits que généreront cette activité. Il est donc inévitable d'emprunter immédiatement l'argent que l'on compte bien gagner plus tard. De plus, le niveau des taux d'intérêt réclamés par les créanciers est proportionnel au risque pris par l'entrepreneur dans son activité. Plus ce risque est élevé, moins les gains attendus seront sûrs, mais plus ils seront élevés : ce pari sur le futur a un coût, celui des intérêts versés aux créanciers.

C'est la première raison permettant de comprendre pourquoi les économistes raisonnent toujours à court terme : seul le présent les préoccupe.

L'autre raison est qu'il n'y a rien de plus incertain que le futur (surtout vers la fin, ajouterait Woody Allen). Keynes a mis le doigt le premier sur cette incertitude inévitable du futur. Il distinguait d'ailleurs le risque de l'incertitude. Le risque est toujours probabilisable : on peut parier dessus une partie de ses économies. Et la « « mise » de ce pari est en général le montant des intérêts, tant qu'il y a des chances, au sens statistique, qu'un futur risqué, mais désirable advienne. Concernant le futur incertain, Keynes disait, que *"tout simplement, nous ne savons pas"*. Nous ne savons pas

---

[23] Pour éclairer ce point passionnant, on peut lire le petit essai de Jacques Le Goff, La bourse et la vie.

si une guerre va durer, nous ne savons pas quel sera le prix du pain dans 20 ans, nous ne savons pas si on enseignera encore l'économie dans un siècle...

Or, lorsqu'ils ne savent pas, les économistes cessent de penser. Et ce qui pourrait passer pour une preuve d'humilité de leur part est en fait un bel acte de lâcheté : en ignorant délibérément les conséquences futures, même *pas trop* lointaines, des activités économiques, ils autorisent les agents économiques à faire n'importe quoi. Que cette attitude corresponde à un comportement individuel très humain n'excuse pas les économistes : car l'élaboration d'une science qui ignore la portée de ses analyses au-delà d'une simple génération est une escroquerie pure et simple.

Que diriez-vous d'un promoteur immobilier qui ne saurait vous garantir que votre maison tiendra encore debout dans 30 ans ? Ou, à une autre échelle de temps, d'un boulanger qui ne serait pas sûr que son pain soit encore comestible dans quelques jours ?

Dans leur méconnaissance de l'évolution des prix, les économistes abandonnent l'avenir à ceux qui leur succéderont et qui devront de débrouiller avec ce que leur diront les prix. Car ces derniers, si vous l'avez bien compris, sont leurs seules boussoles. Or, les prix sont des conventions fragiles, qui peuvent se détraquer facilement et ne sont pas du tout prévisibles à long terme.

Peut-on se fier à des prix fictifs ?

Malgré tout, quelques économistes téméraires ont eu l'imprudence de modéliser l'évolution de la production future dans des modèles statistiques (ou économétriques), en particulier pour estimer les impacts économiques du réchauffement climatique. En réaction au rapport Meadows, qu'il jugeait trop alarmiste, William D. Nordhaus s'est érigé en chef de file de ces économètres dès 1977. Ce très grand professeur d'économie, internationalement reconnu, auteur avec Samuelson d'un manuel d'économie utilisé dans les universités du monde entier, a été récompensé en 2018 *« pour avoir intégré le changement climatique dans l'analyse macroéconomique de long terme »* par le très fameux ersatz de prix Nobel que les économistes s'attribuent à eux-mêmes.

Le modèle de Nordhaus est à l'origine un simple modèle coût-bénéfice. Comme son nom l'indique, il compare ce qu'il coûterait tout de suite d'agir pour le climat, à ce que coûterait en dégâts futurs le fait de ne pas agir. Symétriquement, il estime le bénéfice obtenu à ne pas agir (les investissements non réalisés dans la transition énergétique) et le compare aux bénéfices futurs d'une action (mesurée par les dégâts futurs évités).

Dans Comment les économistes réchauffent la planète, Antonin Pottier a exposé de façon assez précise les principes de cette cuisine statistique. Tout d'abord, il présente la structure globale de ce modèle, qui relie les variables habituelles en économie : la production mondiale, mais aussi la consommation et surtout le montant des facteurs de production mobilisés : travail, capital et l'incontournable progrès technique[24]. La présence de ce dernier facteur dans le modèle permet d'estimer son impact sur les émissions de CO_2. Car, et c'est l'originalité de ce modèle, il donne une estimation des conséquences de la production obtenue sur le réchauffement climatique.

Antonin Pottier ne s'attarde pas (et c'est regrettable) sur les hypothèses de croissance qui sous-tendent ce modèle et qui sont conformes à toutes les représentations dominantes de la croissance. En revanche, il porte un regard critique sur la façon dont Nordhaus calcule ses taux d'actualisation.

---

[24] Paul Romer s'est vu attribué le soi-disant Nobel la même année que son collègue Nordhaus, *« pour avoir intégré les innovations technologiques dans l'analyse macroéconomique de long terme »*. Une façon pour le jury de la Banque de Suède de dire que, sans les innovations, on ne sauvera pas le climat. Ce qui reste à démontrer.

Car il existe une tambouille statistique, comme les apprécient tant les économistes, consistant à donner un prix au temps. Il s'agit du *taux d'actualisation.* Plus votre préférence pour le présent est élevée, plus on devra vous verser d'intérêts élevés pour compenser votre attente. Et plus cela nécessitera que la croissance soit forte pour « financer » ce taux d'intérêt élevé. Ainsi, les taux d'actualisation ne permettent pas de lire l'avenir, mais juste de savoir quelle importance lui donnent les économistes. Si le taux d'actualisation est élevé, c'est que vous comptez sur un futur rémunérateur pour compenser vos pertes présentes. Si le taux d'actualisation est faible, c'est que des pertes futures ont pour vous autant d'importance que les pertes actuelles. Ce qui est rarement une hypothèse d'escronomistes, adorateurs patentés des profits immédiats.

Antonin Pottier, lui-même chercheur en économie environnementale, montre que toutes les hypothèses faites sur les estimations des coûts aboutissent à des prix fictifs sous-estimant les coûts du réchauffement et sur-estimant ceux de l'action climatique. Tous ces résultats justifient, par conséquent, de ne pas agir en faveur du climat. Normal : avec des taux d'actualisation excessifs, il faudrait que les politiques climatiques coûteuses permettent une sacrée croissance future pour valoir la peine. Notre chercheur critique montre que de tels modèles vont jusqu'à estimer qu'un réchauffement de +8° n'aurait pas de conséquence majeure sur la production future ! A un tel niveau de réchauffement, il est pourtant possible que plus aucune production, en particulier agricole, ne soit possible. Or, il est indispensable de ne surtout pas supposer qu'un réchauffement destructeur puisse exister un jour, pour les amoureux de la croissance présente : car si un réchauffement apocalyptique était envisageable, la logique même de leurs modèles justifierait qu'on consacre à son évitement *la totalité* de nos ressources présentes !

La conclusion est claire : seule une forte croissance à venir peut faire renoncer un économiste à un peu de richesse présente. Voilà, formulé rapidement, ce que nous apprennent les prix fictifs de ces modèles insensés.

Tout est bon à prendre

Mais alors, modèles escronomiques mis à part, pourquoi voir une escroquerie dans cette préférence pour le présent ? Pour deux grandes raisons.

La première est que cela arrange bien la profession : la recherche d'activités immédiatement profitables fait plaisir à tout le monde mais, surtout, elle est plus simple à étudier si on la déconnecte des conséquences futures que, de toute façon, on ne connaît pas. En outre, par le jeu des prophéties autoréalisatrices qui sont si fréquentes en économie, il suffit pour faire fortune de trouver quelle est l'activité qui plaira prochainement le plus à tout le monde, sans même que l'activité en question ait la moindre utilité, y compris si ses conséquences à long terme doivent se révéler désastreuses. Keynes, qui avait fait fortune plusieurs fois en Bourse, avait comparé cette préférence collective pour le présent à un concours de beauté dans lequel le vainqueur est celui qui saura dire quel sera le visage qui plaira majoritairement à l'ensemble des participants au concours. On voit alors qu'aucune vision à long terme n'est nécessaire dans un tel monde : toute décision économique pertinente n'est qu'une évaluation de ce qui "peut marcher" immédiatement.

On ne cesse de nous vanter les mérites de tel ou tel innovateur qui sait anticiper sur les besoins futurs des consommateurs. Mais en réalité, les plus riches d'entre eux sont surtout ceux qui savent quelle est *la vision du futur* qui a actuellement le plus de chance de recueillir les suffrages de l'opinion publique et des investisseurs. Ainsi, les escronomistes se fichent bien, au fond, que la voiture électrique ou à hydrogène ait le moindre impact positif à long terme sur le climat et les ressources : tant que tout le monde croit qu'elle peut être la solution à nos problèmes futurs, elle devient le bon investissement à faire tout de suite ! L'exemple fonctionne avec toutes les innovations qui visent à décarboner l'économie. L'important est qu'on y croit : le monde économique repose entièrement sur des croyances. Plus on croit qu'une innovation actuelle sera utile dans le futur, plus elle devient rentable dans le présent.

En ce qui concerne les néoclassiques, cette recherche immédiate du profit a une implication majeure. On a vu sur notre graphique de présentation de l'équilibre, que pour déplacer la courbe d'offre de gauche à droite, il faut parvenir à proposer plus de quantités produites, quel que soit le prix proposé. Cela ne peut se faire qu'en augmentant la productivité, c'est-à-dire en réduisant les coûts de production par unité produite. Or, on a déjà vu les dégâts et les mensonges induits par cette obsession de la productivité qui repose en premier lieu sur l'exploitation acharnée des énergies fossiles hyperpolluantes, mais hyperproductives.

Qu'importe : pour un économiste néoclassique, augmenter la productivité est le moyen essentiel de faire immédiatement baisser les prix. Ensuite, il ne restera qu'à laisser faire l'effet rebond. La baisse générale des prix fera exploser les ventes. Et qu'importe si la baisse des coûts à l'origine de ce choc de compétitivité est due également à une baisse des salaires : on trouvera toujours un marché de riches pour vendre immédiatement ces produits fabriqués en quantités croissantes par des pauvres. Notons, on en reparlera au prochain chapitre, que le système croissanciste fonctionne d'autant mieux qu'il existe des riches et des pauvres, donc des inégalités.

De leur côté, les keynésiens comptent sur des politiques conjoncturelles de soutien de la demande pour créer des chocs de demande positifs et créer des emplois marchands dans la foulée. Enfin, les schumpetériens comptent sur les innovations pour faire baisser sans délai les coûts de production et stimuler l'offre autant que la demande.

Mais tout ce joli petit monde reste totalement indifférent aux déchets futurs, vomis par cette mégamachine conçue pour produire immédiatement des produits et des profits.

Penser le monde « en volume »

La deuxième raison qui fait du *court terme* économique une belle escroquerie est qu'il était possible de raisonner autrement. C'est-à-dire en quantités physiques (ou en volume) et pas systématiquement en valeur, c'est-à-dire en prix. C'est ce qui a été fait dans le fameux rapport de Denis et Donella Meadows, associés à Jorgen Randers, qui ont publié en 1972 Les limites de la croissance. Les auteurs, tous spécialistes de l'analyse des systèmes physiques, se sont alors interrogés sur la possibilité, ou non, de prolonger les activités productives indéfiniment, avec des stocks de ressources finies. Et leur réponse fut évidemment qu'on ne pouvait pas[25]. Il aurait suffi aux économistes de s'intéresser aux grandeurs physiques pour saisir l'ampleur de la remise en cause de leurs propres modèles de croissance infinie. Mais depuis Léon Walras et le modèle néoclassique, on l'a dit, les prix sont les seuls signaux considérés comme pertinents par les économistes. La seule façon, selon eux, d'aboutir à un équilibre des marchés est de les laisser varier librement. Abandonner les prix, même le temps d'un modèle, c'était abandonner le rêve d'équilibre des marchés. Et l'escroquerie a été tout simplement, de la part des économistes, de dire qu'il était impossible de le faire.

Comme ils ne sont pas à un argument de mauvaise foi près, ils ont même développé le suivant : seuls les prix, s'ils venaient à augmenter brutalement dans un monde contraint,

---

[25] La démonstration, plus que jamais d'actualité, a reçu en 1972 un accueil hostile de la part des économistes, en particulier de Friedrich Hayek. Cf. Des marchés et des Dieux, de Stéphane Foucart.

pourraient modifier radicalement les comportements des producteurs et des consommateurs. Concrètement parlant, cela veut dire que l'étude des prix, plutôt que des quantités, est la meilleure façon de faire savoir aux agents qu'il est temps de se passer d'une ressource et d'en trouver une autre plus avantageuse. Ainsi, le jour où le pétrole sera hors de prix, l'humanité sera-t-elle poussée à mettre toutes ses billes dans une énergie de remplacement. C'est presque un truisme, une banalité, mais l'on voit surtout à quel point c'est irresponsable comme modèle de comportement : c'est un peu comme si vous disiez à un alcoolique d'attendre sa première cirrhose du foie pour commencer à réduire sa consommation d'alcool ! Évoluant à court terme, les prix sont des signaux qui ne se modifient significativement que lorsqu'il est vraiment trop tard, comme on est en train de le comprendre avec le cours du pétrole. Le fétichisme des prix, savamment entretenu par les escronomistes, nous a maintenus dans un monde où les problèmes ne pouvaient nous éclater à la figure qu'au dernier, donc au pire moment. C'est une évidence : loucher sur les prix rend myope.

Certes, des économistes contemporains hétérodoxes se sont attaqués à cette idéologie du court terme en accusant les indicateurs économiques d'être les responsables de cette obsession de l'immédiateté. La question se pose en effet de savoir si des indicateurs de long terme auraient pu réduire notre préférence pour le présent. En vérité, je n'en suis pas certain. Je peux très bien rouler à tombeau ouvert en voiture même si mon tableau de bord ne me donne pas ma vitesse exacte et ne me donne que l'état de mon réservoir d'essence. L'évolution du *stock de ressources*, disent certains, est l'indicateur qui devrait nous obséder puisqu'il est urgent *de cesser de le réduire* encore.

Mais je ne vois ni comment ni pourquoi envisager un autre indicateur que le PIB. On peut en effet toujours dire que les prix du PIB sont faux, parce qu'ils n'intègrent pas les coûts futurs et ceux de la destruction des ressources rares. Mais ces dernières n'ont pas de prix, justement. Et comme personne ne peut connaître les prix du futur, il ne reste que les prix immédiats, ceux du marché : c'est précisément ceux qu'enregistre le PIB. Nous n'avons que ça comme boussole, en économie, et nous devrons faire avec.

Quitte à surprendre, je suis même convaincu que la mesure du PIB sera plus utile, dans un monde décroissant et soucieux de préserver les ressources, qu'un indicateur de stock des ressources à long terme. Car on sait désormais que pour assurer un futur viable à nos descendants, il faut réduire *immédiatement* nos émissions de CO_2 : ainsi, le reproche de leur obsession pour l'immédiateté, adressé aux escronomistes, devrait devenir la qualité première des prochains économistes-écologistes : être dans l'urgence du court terme. Car il faut *tout de suite* réduire nos émissions de CO_2. Or, quel meilleur indicateur, pour se guider, que celui qui augmente avec une corrélation presque parfaite en même temps que les émissions de CO_2 ! Le PIB doit rester notre indicateur fétiche : car sa baisse, à court terme, est la meilleure boussole pour se guider vers un avenir meilleur à long terme. Gardons le PIB et faisons-le baisser en lui retirant toutes les activités qui ne nous sont pas essentielles pour autre chose que pour créer des emplois marchands.

À long terme, qu'est-ce qui sera toujours vivant ?

Keynes a figé et légitimé le comportement irresponsable des économistes obsédés par le présent dans une citation devenue sans doute sa plus célèbre : *"A long terme, nous serons tous morts"*. Car il assumait très bien que ses préconisations de politique économique soient conjoncturelles, comme on dit, et non pas structurelles. À la question *Suis-je libéral ?* ce défenseur de l'interventionnisme budgétaire et monétaire ne répondait pas, mais laissait son auditoire comprendre qu'il l'était assez pour ne pas remettre en cause le système marchand et les mécanismes de marché, mais trop peu pour ne pas les stimuler avec une politique économique volontariste. Les dégâts environnementaux à long terme n'étaient pas son sujet. Publiée en pleine crise des années 30, sa Théorie Générale... avait pour seule ambition de réduire le chômage le plus rapidement possible. Inutile, donc, de chercher chez Keynes une volonté de régler le problème économique à long terme. Il était myope comme les autres. Car pour lui, comme il l'écrivait dans ses « Perspectives pour nos petits-enfants », la magie des taux de croissance et des intérêts composés allait régler nos affaires en moins d'un siècle.

Nous voici, précisément, près d'un siècle plus tard, et nous ne sommes pas « tous morts ». Nous ne serons jamais tous morts. Mais il faut bien admettre, quelles que soient les fulgurances de la pensée keynésienne, qu'il n'a pas plus pensé le temps long que les néoclassiques. Nous ne sommes pas morts, mais notre système croissanciste ne peut perdurer qu'en détruisant toujours plus de ressources rares et en dégradant de façon toujours plus inquiétante nos conditions de vie sur terre.

Or, ceci ne serait peut-être pas advenu aussi rapidement si l'ensemble des économistes s'était décidé à penser le temps long et à ne pas se soumettre (et nous soumettre) à la tyrannie du profit immédiat. Mais pour cela, il aurait fallu abandonner le mécanisme économique le mieux partagé de tous : la recherche des gains de productivité. À cause d'elle, nous avons été les otages consentants des escronomistes, eux-mêmes otages de leur recherche constante d'efficacité productive. Si l'économie était cette science morale décrite par Amartya Sen, elle ne pourrait ignorer ni la logique des inégalités ni celle des conséquences environnementales des activités marchandes.

Mais elle ne l'est pas et n'a aucune intention de le devenir, même si quelques économistes au grand cœur tentent désespérément de nous le faire croire.

Ricardo, père de la mondialisation

Si le nom de David Ricardo est à peu près inconnu du grand public, il est sans doute, avec Smith et Keynes, le plus connu de tous les économistes. On lui doit le premier modèle simplifié des échanges internationaux : en 1817 il imagina que l'Angleterre et le Portugal échangent leurs productions de draps et de vin. Dans la situation initiale, ils y consacraient tous leurs moyens de production (des heures de travail) et faisaient les deux produits.

Dans l'exemple simple de Ricardo, on dispose en Angleterre de 120 heures de travail pour le vin et de 100 heures pour faire des draps (soit 220 h en tout). Pour le Portugal, on dispose respectivement de 90 h et 80 h pour faire les mêmes quantités qu'en Angleterre de drap et de vin (soit 170 h de travail disponible). On remarque que le Portugal est plus efficace pour faire les deux produits, puisqu'il produit autant de marchandises que l'Angleterre en moins de temps de travail.

La démonstration de Ricardo est lumineuse. En supposant que l'Angleterre décide de ne produire *que du drap* et le Portugal *que du vin*, et qu'ils y consacrent tous leurs facteurs de production, voici quel miracle se produit : l'Angleterre va produire 2,2 unités de draps avec ses 220 h de travail disponible (puisqu'il faisait une unité avec 100h). Le Portugal, pour sa part, avec ses 170 h de travail disponibles, va produire 2,125 unités de vin (si 80h font une unité, 170h en font 2,125).

Résultat global : ces deux pays séparément produisaient 2 unités de drap et 2 unités de vin. En se spécialisant, ils en font désormais ensemble 2,2 unités de drap et 2,125 de vin. Ricardo explique que c'est parce qu'ils se sont spécialisés dans la production pour laquelle ils sont les plus productifs (le vin pour le Portugal) ou les « moins mauvais » (le drap pour l'Angleterre).

Ainsi, ce modèle simplifié des échanges internationaux démontre de façon incontestable (et incontestée) que la division internationale du travail est un facteur de croissance économique. Le temps a montré qu'en règle générale, Ricardo avait bien eu raison sur les gains à l'échange. À condition de fermer les yeux sur les émissions des moteurs à énergies fossiles sans lesquels il n'y aurait jamais eu de mondialisation dans les proportions que l'on a connues. Mais ça, Ricardo ne pouvait pas le savoir.

Chapitre Sept

Pour sauver l'économie et les ressources naturelles, réduisons les inégalités !

Il est assez facile de taper sur les escronomistes obsédés par l'accumulation des richesses. Ça l'est beaucoup moins lorsque ceux-ci s'appuient sur un principe moral indiscutable : la réduction des inégalités. C'est pourquoi j'ai réservé mon dernier chapitre à ces économistes que je nomme keynésiens par facilité, et qui sont capables de critiquer la croissance au nom d'un meilleur partage des richesses. Malheureusement, je vais tenter de montrer qu'ils sont passés à côté d'une critique salutaire de l'économie dominante, en refusant d'en tirer toutes les conséquences qu'il fallait en tirer, et en se réfugiant dans une promesse politique qu'ils n'ont même plus, ou à peine, en tant qu'économistes, les moyens de faire advenir. En outre, désespérément accrochés aux gains de productivité, ils s'empêchent de penser un monde déproductif, le seul qui ne soit pas prédateur de ressources.

Le retour de la question des inégalités

La remontée des inégalités depuis la fin du siècle dernier est la grande préoccupation des classes moyennes en ce début de XXIe siècle. En témoigne le succès de librairie des analyses de Thomas Piketty sur les inégalités dans le monde : peu d'ouvrages d'économie ont eu un tel écho dans la courte histoire de cette science humaine. La question qui se pose est de savoir si le thème des inégalités, si longtemps négligé par les escronomistes, a vocation à devenir la première préoccupation de la science économique. Les défenseurs de l'économie comme science morale le pensent. Je suis moins optimiste.

J'ai bien peur, et je l'affirme sans m'en réjouir, que les économistes keynésiens n'aient raison trop tard. Certes, les inégalités auraient dû être, dès l'origine, la grande affaire des économistes, comme le voulait Marx. Elles auraient pu le devenir dans les années 70, quand ont émergé les premières mises en garde sur la prédation généralisée du système capitaliste sur l'ensemble du vivant. Il était encore temps de poser ces questions, car finalement, tout est question d'inégalités (ou de pouvoir) en économie, comme le rappelle Pierre-Noël Giraud dans L'homme inutile.

Il rappelle en effet que le chômage est un problème d'inégalités face au travail (inégalités internes) ; que la mondialisation est un problème d'inégalités internationales (inégalités externes) ; que la pollution et le dérèglement climatique sont des problèmes d'inégalités intergénérationnelles ; et que la dette est un problème d'inégalité entre les détenteurs de la dette et les contribuables. Toutes ces inégalités, comme l'avait vu Marx, sont une affaire de pouvoir, même si la ruse suprême du capitalisme a consisté à rendre chaque consommateur complice du grand système prédateur de ressources, diluant ainsi les responsabilités, au moins en apparence.

Vers une réduction automatique des inégalités ?

Malheureusement, il faut bien reconnaître qu'aucun mécanisme connu en économie ne contribue *spontanément* à réduire les inégalités. Schumpeter avait pourtant mis en évidence la capacité du capitalisme à fournir aux ouvrières des bas (en nylon) qui étaient autrefois un confort réservé aux nobles (même si les leurs étaient en soie). Ce type d'argument, avec celui de la médecine, est repris en boucle par les schumpetériens pour monter à quel point les innovations améliorent le bien-être. La conséquence est qu'elles réduisent les inégalités si la différence entre riches et pauvres n'est pas une différence de mode de vie (lié au type de biens et services consommés), mais de niveau de vie (la quantité et la qualité des biens et services consommés). Finalement, dans les pays développés, les riches et les pauvres travaillent, consomment et ont des loisirs relativement semblables. Ils diffèrent juste en termes de qualité des produits consommés (et d'émissions finales de CO_2 ou d'autres déchets). Schumpeter était convaincu que la démocratisation des innovations de produits, de moins en moins coûteux, réduirait spontanément les inégalités. Mais ça ne suffit pas.

Il y a certes la théorie du ruissellement (*trickle-down effect*, en anglais) : mais c'est une vaste blague contre laquelle certains économistes reconnus, les moins marxistes que l'on connaisse, disent qu'elle fonctionne essentiellement à l'envers, faisant « ruisseler » l'argent des pauvres vers les riches en le faisant remonter dans les poches de ces derniers. D'ailleurs, il est assez logique qu'un système fondé sur l'accumulation accroisse naturellement les inégalités. Entre deux individus moyennement inégaux en début de vie active, les écarts de niveau de vie et de patrimoine ne feront que croître au cours de leur vie, dans la mesure où le plus riche des deux sera capable de dégager une épargne suffisante qui, bien placée, ira en s'accroissant au rythme des intérêts composés ou de la valeur des actifs boursiers ou immobiliers qu'il aura acquis avec son épargne. Plus les riches sont riches, plus ils s'enrichissent facilement puisque c'est à eux qu'on prête le plus, comme le dit la sagesse populaire…

Simon Kuznets, l'un des pères de la comptabilité nationale, avait formalisé une forme d'effet de ruissellement par une courbe en cloche qui porte son nom. Son idée, chère aux croissancistes, était qu'il faut d'abord être riche pour pouvoir partager. Cette intuition, qui va à rebours de toutes les observations anthropologiques[26], consistait à dire que la mise en place d'un système de

---

[26] Car toutes les sociétés considérées comme pauvres sont celles ou les mécanismes spontanés de distribution égalitaire sont les plus forts. Voir Majid Rahnema, Quand la misère chasse la pauvreté.

redistribution nécessitait deux contraintes : avoir suffisamment de revenus à distribuer et avoir de quoi rémunérer l'administration qui prendra en charge cette redistribution.

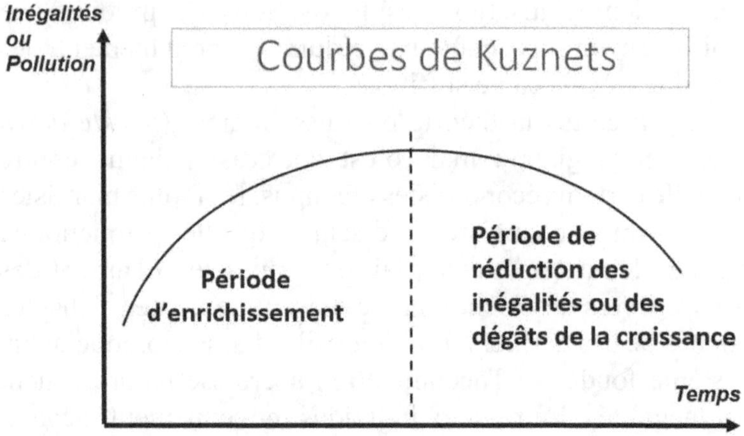

La courbe de Kuznets veut montrer que les inégalités, dans une société en croissance, commencent toujours par augmenter pendant une certaine période. Puis vient le temps où la société est suffisamment riche pour pouvoir mettre en place un État *redistributeur* des revenus. À ce moment-là, les riches sont assez riches et assez nombreux pour accepter de se défaire de la partie superfétatoire de leur revenu. On voit alors redescendre la courbe de Kuznets avec le temps, en même temps que se réduisent les inégalités. Or, comme bien d'autres formalisations de ce genre, la courbe de Kuznets ne prouve absolument rien. En réalité, les inégalités peuvent être réduites dès le départ dans une société peu abondante et s'accroître sans cesse dans un système productiviste. Mais surtout, ce n'est *jamais* la croissance qui provoque le partage : c'est la volonté politique des populations de le mettre en place.

D'ailleurs, une courbe de Kuznets de l'environnement a été construite sur le même principe et présente les mêmes limites. Ses défenseurs affirment que les sociétés émergentes polluent de façon croissante parce qu'elles n'ont pas encore les moyens de lutter contre la pollution. Mais une fois devenues suffisamment riches, elles auront les moyens de lutter contre les dégâts de la croissance, voire même de « *reculer* les limites écologiques de la croissance », comme le promet sans vergogne le programme de SES instauré en 2018[27], à destination des lycéens. Elles auront surtout les moyens de financer les innovations qui, selon le credo néoschumpetérien, permettent donc de *reculer* les limites environnementales. Alors que chacun sait qu'une limite physique ne se repousse pas. Elle se dépasse juste. Et dans ce domaine, les innovations sont d'une redoutable efficacité, rarement pour le meilleur, et le plus souvent pour le pire.

L'efficacité économique de la réduction des inégalités

On voit donc que si les inégalités sont une question parfois posée par les économistes, elles ne sont pas en soi un *mécanisme central* en économie. La raison est que l'on peut faire fonctionner presque aussi efficacement des systèmes économiques inégalitaires que des systèmes égalitaires. Certes, ils n'ont pas politiquement et moralement la même valeur. Mais si l'on ne s'intéresse qu'à la production de richesses marchandes, il n'est pas vraiment possible de donner *économiquement* la préférence à l'un ou l'autre des deux systèmes. Pourtant, de nombreux économistes actuels, souvent keynésiens, tentent de remettre les inégalités au cœur des débats économiques, répondant ainsi à une demande sociale forte de la part de ceux qui se sentent le plus menacés par ce retour des inégalités : les classes moyennes. À défaut de critiquer la *distribution* initiale des richesses, comme le font les

[27] Programme élaboré sous la direction de Philippe Aghion, dont on reconnaît la patte schumpetérienne derrière un tel énoncé.

marxistes, ils s'attachent à imaginer une meilleure *redistribution.*

Avant de rentrer dans une critique avancée des escronomistes partageux, je voudrais expliquer pourquoi la plupart d'entre eux sont keynésiens. C'est parce que Keynes avait élaboré une théorie de la relance économique qui passe précisément par la *redistribution.* Il a ancré dans l'esprit de plusieurs générations d'étudiants que la redistribution et l'amélioration de la justice sociale sont économiquement efficaces et il avait raison. Le raisonnement est simple et repose sur un constat élémentaire : les pauvres consomment une plus grande part de leur revenu que les riches. Souvent même, les pauvres dépensent l'intégralité de leurs revenus, car tous leurs besoins ne sont pas satisfaits (c'est d'ailleurs en général ce qui les définit comme pauvres).

Ainsi, toute politique de redistribution qui prend aux riches pour donner aux pauvres retire des revenus à ceux qui ne s'en servent pas pour le donner à ceux qui consomment. Keynes n'était pas vraiment socialiste, mais tous ses disciples actuels le sont. Car l'occasion est trop belle de relancer l'activité économique en s'offrant au passage le luxe de réduire les inégalités. Le hic, désormais, est qu'il n'est plus temps de *lancer* ou de *relancer* la croissance, mais de se préparer à entrer dans une réduction subie ou planifiée de la production mondiale, que certains nomment la sobriété pour ne pas désespérer Billancourt (qui est désormais une ville de classes moyennes supérieures et plus du tout un bastion syndical). Les politiques keynésiennes et leurs préconisations, qui ont en partie justifié les politiques monétaires expansives des 15 dernières années, ne sont déjà plus d'actualité : le niveau d'endettement public et privé est désormais insoutenable et il n'est plus question de relancer une croissance prédatrice de ressources. Pas défaitistes pour autant, les keynésiens pensent avoir trouvé dans la décroissance le meilleur allié de la réduction des inégalités, comme cette dernière le fut un temps pour la croissance.

Les keynésiens ont-ils le monopole du cœur ?

Je vais vous proposer une lecture critique d'un ouvrage représentatif de ce courant de pensée économique : Sortir de la croissance, d'Eloi Laurent. Mais pas sans avoir prévenu très explicitement mes lecteurs : politiquement parlant, je suis favorable à tout ce qui améliore la justice sociale (je me demande même comment on pourrait s'y opposer, à vrai dire). Tout ce qui peut rendre notre monde plus juste est souhaitable et toutes les formes d'injustices et d'inégalités me semblent des atteintes à la dignité humaine. Je pense avoir été très clair, sur ce point, au chapitre quatre.

Mais si je veux mener ici une critique en règle de l'économie, je me refuse de la faire pour des raisons morales : car cela fermerait immédiatement la porte à toute discussion solide et rationnelle. Je ne pense pas que l'analyse des mécanismes économiques doit dépendre des présupposés idéologiques de chacun. Sinon, on entre dans le monde merveilleux des opinions subjectives et il ne reste qu'à décider de *ne plus chercher à faire comprendre quoi que ce soit par le raisonnement économique*. C'est alors à chacun sa morale, à chacun son opinion et à chacun son idée des phénomènes économiques.

Or, si vous m'avez lu attentivement jusqu'ici, vous m'accorderez que je cherche à mener la critique la plus rationnelle possible des raisonnements dominants en économie. Et je dois la mener aussi envers ceux dont je partage les valeurs. J'ai adoré être du côté des redistributeurs keynésiens quand j'étais jeune. Mais comme leurs analyses des mécanismes économiques contribuent à la prédation sur les ressources et le vivant, je ne peux plus défendre la moindre relance keynésienne. Disons alors, pour être honnête, que mon socle de « valeurs fondamentales », celui sur lequel je ne peux plus négocier désormais est la destruction continue et sans frein des ressources non renouvelables et des espèces vivantes. Car elle doit être stoppée. On ne peut défendre ni théoriquement, ni en pratique, un système productif qui menace à ce point les conditions de vie de plusieurs milliards d'êtres vivants sur la planète. Tout le reste se discute et se négocie, en particulier le niveau des inégalités. Or, il se pourrait que celles-ci attendent encore un peu.

Sortir de quoi, en fait ?

Ce qui me dérange dans les analyses d'Eloi Laurent n'est donc pas qu'il pose la réduction des inégalités comme un préalable. Après tout, pourquoi pas, je vous ai dit que cela me convient. Pourtant si cela n'a jamais été fait en économie, c'est parce que rien ne dit que la réduction des inégalités aura un impact majeur sur la production de richesses. Alors évidemment, on comprend vite quelle est la logique de son raisonnement : si l'on envisageait de vivre prochainement dans un monde contraint, dans lequel les ressources -en particulier énergétiques- se raréfieraient, il pourrait être opportun, à utilisation constante des ressources, de diriger vers les plus démunis les ressources détenues en excès par certains. C'est un peu la même logique que celle d'un village perdu, isolé du monde par la neige et dans lequel les habitants continueraient de vivre décemment en se répartissant au mieux les ressources détenues inégalitairement par chacun. Ainsi, la réduction des inégalités pourrait être un moyen d'accompagner les contraintes imposées par le changement climatique.

Mais ce qui me dérange c'est que, à l'instar d'autres économistes anti-croissance, Eloi Laurent établit une relation de cause à effet entre 1/ la réduction des inégalités et 2/ la lutte contre le changement climatique. Cette relation me dérange fortement, non pas parce que *je ne souhaiterais pas* l'existence de telles évolutions concomitantes, mais parce que *je ne vois pas en quoi* la première entraînerait logiquement la seconde. Bien sûr, il constate que les pays les plus soucieux du climat sont aussi ceux qui sont les plus soucieux de réduire les inégalités sociales et économiques. Mais c'est une simple évidence : quand les peuples sont sensibles à la fragilité des écosystèmes, ils le sont aussi à celle des individus. Cependant, cela *n'implique pas* que la lutte contre la crise environnementale doive *commencer* par la mise en place de politiques de redistribution.

On peut toujours montrer que le système croissanciste marcherait moins bien avec moins d'inégalités, car il s'en nourrit en partie, comme je l'ai déjà montré : par exemple, le maintien des travailleurs pauvres est nécessaire pour fabriquer des biens qui seront vendus à bas prix et en quantités croissantes à des travailleurs aisés, voire à des rentiers très riches. Mais le raisonnement ne fonctionne pas à l'envers : un système de production décroissant n'a *aucune raison d'être plus efficace* dans un monde où les inégalités se réduisent. Dans un tel monde, et tant que l'on vivra dans des démocraties libérales, la réduction des inégalités (ou leur maintien) restera une décision politique qui a peu à voir avec les mécanismes productifs.

Pire encore, Eloi Laurent est souvent rattrapé dans ses raisonnements par ses démons d'économistes, deux en particulier. Le premier est de dire que la croissance n'est plus utile désormais, au motif que 80 % de celle-ci profite aux plus riches. Malheureusement, si 80 % de celle-ci profitait aux plus pauvres, il faudrait la cesser quand même ! Autrement dit, il faut cesser la croissance parce qu'il est impossible de la maintenir[28], et non pas *parce qu'elle est inégalitaire*. De plus, on ne comprend pas bien pourquoi il s'obstine à vouloir montrer que la croissance est limitée elle-même par la croissance des inégalités. Joseph

[28] On retrouvera la démonstration élémentaire de cette évidence statistique dans Sale temps pour l'économie marchande.

Stiglitz affirme la même chose. Or, d'un tel constat, on pourrait déduire que la réduction des inégalités ne ferait alors que *booster* la croissance économique, bridée actuellement par l'excès d'inégalités. Ainsi, l'appel qu'il fait à « sortir de la croissance » nécessite non seulement de réduire les inégalités, mais aussi de trouver un moyen d'empêcher que ce système, qui sera alors dans les meilleures dispositions pour reprendre de plus belle, reparte à toute vitesse…

D'ailleurs, les keynésiens devraient s'interroger sur le fait qu'ils partagent la même préoccupation égalitaire que certains schumpetériens. Philippe Aghion s'interroge pendant plus de 400 pages pour savoir *« Comment diriger la destruction créatrice vers l'objectif d'une croissance plus verte et plus juste ? »* Tous partagent le même constat selon lequel, lorsque le capitalisme n'est pas régulé, *« il exacerbe les inégalités (...) et aggrave le réchauffement climatique »*. Une telle affirmation n'interdit absolument pas de rêver d'un retour de la croissance économique, comme le fait Philippe Aghion.

L'égalité ne garantit pas la sobriété

Imaginons par exemple que, dans l'inquiétude d'une fin du monde imminente, les peuples parviennent politiquement à imposer à leurs dirigeants l'avènement de l'égalitarisme universel. Par je ne sais quel système redistributif, on parviendrait à ce que chaque habitant de la planète émette par sa consommation l'équivalent de 2t de CO_2 annuel (c'est le montant estimé par le GIEC comme étant celui qui stopperait la dérive climatique actuelle). Ce bel objectif étant atteint, pourquoi et comment décider alors que l'on ne fera pas *plus* et que l'on cessera de croître et de polluer, même de façon égalitaire ? Quel est le mécanisme économique qui l'empêcherait ? Et, au fond, pourquoi placer cet objectif très utopiste de réduction des inégalités devant celui de la lutte contre le changement climatique ?

Dans une conférence filmée[29], Laurent Mermet propose une jolie parabole, sur la base du fameux jugement de Salomon. On connaît l'histoire de ces deux femmes qui se disputaient un même bébé, chacune des deux affirmant qu'il était le sien. Le roi Salomon, dans un jugement habile, mais cruel, leur propose alors, afin d'être juste, de donner à chacune la moitié de l'enfant. Évidemment, la vraie mère s'empresse de laisser le petit à l'autre mère, préférant le voir partir vivant que de récupérer la moitié de son bébé coupé en deux. Laurent Mermet montre que dans ce jugement, une préférence a été donnée à la vie plutôt qu'à l'égalité aveugle. Quand il y a danger de mort, le souci d'égalité n'est pas prioritaire. On pourrait trouver d'autres situations similaires. Il arrivait souvent dans les campagnes, en période de disette, que l'on donne de plus grosses parts aux personnes valides, capables de faire vivre la maisonnée, plutôt qu'aux personnes les plus faibles : cette injustice assumée avait pour objectif d'assurer la survie de tous.

Il en va de même pour la lutte contre le réchauffement climatique et la perte de biodiversité (ou l'ensemble des neuf limites planétaires en cours de dépassement) : s'il est urgent d'agir pour stopper les dérives actuelles, *nous n'avons plus le temps de chercher à réduire les inégalités*. D'autant plus que nous n'avons même pas réussi à le faire et à l'imposer dans la situation la plus favorable : celle où la croissance était forte. À ce propos, Eloi Laurent rappelle à juste titre que les grands systèmes de redistribution ont été mis en place en période de ralentissement économique. Mais je n'en tire pas la même conclusion que lui. Là où il conclut que notre période de crise devrait être le bon moment pour le faire, j'affirme *que nous n'avons plus le temps* de mettre en place une politique qui, en soi, ne réduit pas la consommation de ressources rares et les émissions de

[29] *« Qui peut agir sur qui pour éviter la fin du monde ? »* À voir sur Youtube à l'adresse suivante : https://youtu.be/P1JRYlrLxvw?t=2301

CO_2. L'urgence, économiquement parlant, est de tout faire pour que baissent les gains de productivité incessants issus de l'utilisation croissante des machines à énergies fossiles (80% de l'énergie mondiale consommée, faut-il le rappeler ?). S'il faut le faire d'une manière qui pénalise moins les riches que les pauvres, ce ne sera pas un problème *économique*. Par exemple, si en ne réduisant que de moitié le niveau de vie des riches, alors que celui des classes moyennes baissait de 70 %, l'objectif était atteint, alors il faudrait aller immédiatement dans ce sens ! Quitte à redistribuer ensuite, une fois le problème environnemental résolu.

Certes, Éloi Laurent et beaucoup de décroissants eux-mêmes affirment que la réduction de l'usage des ressources par les consommateurs se fera d'autant plus facilement que les riches, premiers concernés et premiers pollueurs, le feront en premier. Ils ont raison. D'une manière générale, le choc que provoquera dans les pays riches la déplétion des ressources sera d'autant mieux accepté que la population verra qu'elle touche en premier ceux qui s'en sont gavés jusqu'à présent. Une fois de plus, c'est exact politiquement et cela pourrait même sauver nos systèmes démocratiques. Mais *il est fort possible que cela n'advienne pas* et que l'on ait encore moins le temps de réduire les inégalités que de mettre en place des modes de vie économes en ressources. Les économistes redistributeurs n'ont pas d'arguments autres que politiques, quoi qu'ils en disent, pour imposer de telles formes de redistribution. Car malheureusement, même en période de décroissance, la redistribution est un facteur de relance ! Elle est faite pour ça : augmenter le niveau de vie des plus démunis. Il faut donc cesser de dire qu'on va décroître grâce à la redistribution des richesses. Si l'on réduit un jour la quantité des richesses produites et consommées, ce ne pourra pas être par la redistribution croissanciste ou à somme nulle (les pauvres consomment ce que les riches ne consomment plus).

Bien sûr, si on résume la justice sociale à la réduction des activités polluantes des riches (jet privé, SPA, golfs, SUV surdimensionnés, etc.) on peut dire que la justice sociale *sous cette seule forme* serait un facteur de transition énergétique et même de décroissance. Mais dans l'esprit de la plupart des gens, la vraie justice sociale correspond à l'accès des « « pauvres » aux activités des « riches ». Ainsi, l'accès de tous les salariés à une automobile a-t-il été un formidable outil de justice sociale, donnant à chacun les moyens d'accéder à toutes les activités marchandes et tous les loisirs accessibles en voiture. Pourtant, cette forme-là de justice sociale n'est aucunement un facteur de réduction des émissions de CO_2. Bien au contraire.

La justice sociale comme lot de consolation

Il est vrai que la justice sociale est une belle carotte à offrir quand menace le bâton de la réduction du niveau de vie. Mais on peut craindre que dans un monde aux ressources rares, la compétition devienne plus féroce que jamais entre les individus. Et que les rêves égalitaristes seront loin de se réaliser dans un monde en restriction constante.

Les croissancistes, souvenons-nous-en, ont passé des années à nous promettre la redistribution une fois que la création de richesses aura été suffisante, s'appuyant sur la logique des courbes de Kuznets et arguant de façon malhonnête que l'on ne peut pas partager une richesse qui n'a pas été créée. Je crains que la réduction à venir de la richesse produite nécessitera que chacun voie de quoi et jusqu'où il est capable de se priver. Les riches ayant bien plus de marges de manœuvre que les pauvres en termes de privation, il est possible qu'ils parviennent à trouver des réservoirs d'économies assez spectaculaires et plutôt efficaces, qui joueront en faveur de la réduction des inégalités. Par exemple, en cessant définitivement leurs vacances estivales dans des îles lointaines qui ne sont joignables que par avion, au profit d'îles françaises joignables par des moyens rudimentaires et peu émetteurs de CO_2. La réduction des inégalités se fera alors d'elle-même. Mais il est possible aussi que lorsque les pauvres seront privés du très peu qu'ils ont déjà, ils en mourront de faim ou de maladies, auquel cas les inégalités exploseront.

Enfin, ce ne sont pas les inégalités *chez nous* qu'il faut réduire : ce sont les inégalités mondiales. Il ne faut pas s'attaquer, globalement, au niveau de vie des 1% les plus riches, mais à celui des 20%. Or, les 20% c'est nous. Voilà pourquoi nous devons décroître, avant tout. Si nous le faisons, et que tous les habitants des pays riches le font, alors les inégalités mondiales suivront, en se réduisant. Réduire les inégalités chez nous n'a à peu près aucun intérêt en termes climatiques, même si ça reste une noble cause.

La mise en place de la redistribution dans les pays riches n'est donc pas, à mon avis, un *préalable économique* à la réduction de l'usage des ressources rares. Il faut, pour réduire la prédation sur les ressources, cesser de produire *tout ce qu'il est possible de ne pas produire* : que les pauvres en soient plus pénalisés que les riches, ou qu'ils vivent plus mal cette réduction reste une possibilité très forte. Il faudra donc politiquement penser à agir en faveur des plus fragiles, dans un monde aux ressources énergétiques décroissantes. Mais je le répète une dernière fois : une telle politique de justice sociale, si elle rend plus supportable la décroissance (ou la sobriété, ou la décarbonation, dites-le comme ça vous chante) ne la provoquera pas. La réduction des inégalités ne créera pas un monde déproductif. Au mieux, elle créera, en toute bonne logique keynésienne, un monde un peu plus productif. Mais *réduction des inégalités* et *décroissance* sont deux problèmes distincts. Or, la baisse de la productivité et de la production globale issue d'énergies fossiles est la seule façon connue pour préserver l'environnement. Si l'on pouvait d'urgence commencer par ça, ce serait formidable. Pour le reste, on fera ce qu'on pourra.

Le retour du piège productiviste

Comme Eloi Laurent est économiste, il ne nous suivra pas dans cette voie. Car il pense, avec Smith, que la cause profonde de la richesse des nations est la productivité du travail. Et c'est ce qui justifie une grande partie de tout son programme de justice sociale en faveur de la santé : améliorer la santé, dans un système sorti de la croissance et qui se financerait sur la redistribution des revenus, c'est améliorer le facteur travail et sa productivité. Il le répète sans cesse. Mais si tel est le cas, on replongera immédiatement à pieds joints dans un système croissanciste stimulé par les gains de productivité et par l'effet rebond ! Or, s'il faut certainement améliorer la santé des individus, c'est parce qu'il est juste de le faire, politiquement parlant. Sûrement pas parce que cela améliore la capacité destructrice du système !

Suivons jusqu'au bout cette logique d'amélioration individuelle : si seule l'efficacité productive des individus nous importe, pourquoi ne pas construire des exosquelettes qui rendraient surpuissantes les personnes avec des handicaps physiques et qui leur permettrait de travailler à la croissance de l'ensemble des richesses produites ? L'amélioration de la « santé » des individus (notion très ambiguë dont se sont emparés les transhumanistes technophiles), est une façon d'agir sur le premier facteur de production, le plus indispensable : le travail. Mais ça n'est en aucun cas une façon de *réduire* notre prédation sur les ressources. En maintenant une confusion constante entre un noble objectif politique (l'amélioration de la santé des individus) et un objectif purement économique (l'amélioration du capital humain) Eloi Laurent s'empêche lui-même de sortir de la croissance. Il restera enfermé dans la croissance tant qu'il ne voudra pas sortir de la recherche des gains de productivité.

Et ce qui l'empêche de ne plus désirer les gains de productivité est le vieux rêve keynésien de la semaine de quinze heures de travail. Écoutons rêver Eloi Laurent : *« Rappelons que l'accroissement de la productivité du travail ne sert pas à s'enrichir, mais à ne pas passer sa vie à travailler : elle permet la baisse du volume des heures de travail à niveau de vie constant, ce qui libère la vie humaine du fardeau du labeur. La finalité de la productivité du travail est donc le bien-être humain, pas la croissance. »*

Serge Latouche, avec d'autres, l'a montré depuis longtemps[30] : dans nos sociétés riches, le *moins-avoir* est systématiquement associé à un mal-être (vivre pauvrement). D'où il découle que le bien-être ne peut se définir chez nous que par le *plus-avoir*. Un économiste, même de bonne volonté, ne peut s'emparer de cette notion de bien-être sans être pris au piège de la croissance.

Et c'est le piège ultime dans lequel sont enfermés les escronomistes keynésiens. Ils sont obsédés, eux aussi, par la matérialité productive, par la productivité et par les investissements qui l'accompagnent. Certains rêvent même que l'on trouve un jour une source d'énergie candidate au remplacement des fossiles, qui serait en quantité infinie et non émettrice de CO_2. Or, cette puissance prométhéenne nouvelle, mise entre les mains des économistes, garantirait la destruction absolue de toutes les ressources rares et fragiles présentes sur terre car le réchauffement climatique n'est que l'une des multiples conséquences délétères de notre système productiviste. Ce qui n'empêche pas de

---

[30] « Si la misère n'inventait pas, il faudrait l'inventer – Réflexion sur le « bien-être » comme concept ethnocidaire ». Serge Latouche, contribution à un ouvrage collectif.

nombreux économistes de rêver d'une telle énergie abondante, à bon marché. Une pure folie.

Le constat est terrible, mais il faut l'entendre : même si on réduit les inégalités *en améliorant la productivité des travailleurs pauvres*, en prenant du temps pour les former, on entrera dans une spirale croissanciste et on ne fera qu'augmenter la production en déclenchant un nouvel effet rebond. Le remède à nos maladies ne peut pas être ce qui en est la cause : il est définitivement temps de cesser de rechercher la hausse de la productivité globale des facteurs, et celle du travail en particulier. Nous savons déjà produire de façon suffisamment productive. Faisons-le en utilisant toujours *moins* d'énergies fossiles : cela réduira forcément notre productivité. On verra alors, comme un thermomètre qui redescend après une longue fièvre, le PIB descendre peu à peu et l'on s'en réjouira enfin. Avec un peu de chance et beaucoup d'efforts, nous pourrons produire les seuls biens qui nous sont indispensables, tout en réduisant notre productivité, puisque nous le ferons avec moins d'énergie. Nous cesserons alors de détruire le monde et nous organiserons nos vies à un rythme qui n'aura plus l'effrayante rapidité imposée par les machines. Celles-ci travailleront moins pour nous, mais peu importe : nous pourrons enfin nous occuper de nous-mêmes et de nos enfants. Et eux des leurs, pour longtemps…

La vie reprendra enfin ses droits.

La loi d'Okun est dure, mais c'est la loi !

Cette loi repose sur un constat statistique fait par Arthur Okun en 1962 : il existe une corrélation inverse entre le taux de croissance du PIB et l'évolution du taux de chômage. Certes, la relation n'a pas la même intensité selon les pays et les périodes étudiées. Mais globalement, il est indiscutable que lorsque le PIB augmente suffisamment, le chômage baisse.

Ne serait-ce pas là un caillou dans la chaussure des décroissancistes ? Okun n'a-t-il pas fait la preuve qu'aller vers la décroissance serait suicidaire en termes d'emplois ? Car l'emploi représente avant tout pour les gens un gagne-pain. On parle donc d'emplois marchands. Là se trouve le piège dans lequel sont enfermés les croissancistes : leur confusion délibérée entre le travail, ou l'activité humaine, qui épanouit en effet les individus et leur permet de satisfaire leurs besoins, et l'emploi marchand.

Une économie décroissante doit se comprendre à la lumière de trois évolutions majeures qui s'imposeront à très long terme :

1/ Toute l'activité marchande qui est au cœur de la frénésie de consommation superflue (et de l'immense effet rebond provoqué par les gains de productivité) devra disparaître, dans un environnement dégradé, et les emplois associés avec.

2/ Il faudra trouver un mécanisme de *distribution* des revenus par création monétaire sans endettement qui compensera les pertes de revenus afférant aux destructions de nombreux emplois marchands. Le revenu universel est un bon candidat pour une telle mission, avec la fin de la monnaie-dette.

3/ La réduction massive de l'utilisation des ressources productives nécessitera une mise "en activité" de tous ceux qui ne seront plus otages de la production marchande et qui auront fort à faire pour autoproduire localement ce que l'industrie ne fournira plus avec une telle frénésie destructrice de ressources.

Au bout du compte, Okun aura eu raison : sans croissance économique, il y aura moins d'emplois *marchands*. Mais il y aura plus d'activités d'autoproduction. Et moins elles seront productives, en raison de la raréfaction des ressources énergétiques, plus il faudra de bras pour compenser. Car il existe une loi sociale essentielle ignorée par Okun et les escronomistes : il n'y a pas que le marché qui produit et qui donne du travail.

Synthèse avant de conclure

1/ Les néoclassiques défendent un modèle concurrentiel qui pousse à réduire les coûts et les prix en améliorant la compétitivité. Ce processus est à l'origine d'un phénoménal effet rebond qui alimente la croissance. Or, celle-ci est intenable plus longtemps, en raison de la prédation qu'elle provoque sur les ressources rares, le climat et la biodiversité, sans compter les dégâts sociaux et psychologiques qu'elle entraîne. Le modèle néoclassique pose que "plus n'est jamais assez" et qu'il faut mettre sans cesse plus de travailleurs en activité et plus de machines en marche pour faire baisser les prix et augmenter le surplus global.

De plus, cette école de pensée fait croire qu'il existe une productivité individuelle mesurable et qu'elle définit les écarts de salaires en fonction des mérites individuels. Elle refuse ainsi à de nombreux humains d'obtenir une part équitable de la richesse nationale. Exclus de la *distribution*, elle les condamne à dépendre d'une *redistribution* qui nécessite une croissance préalable, dans la logique de la courbe de Kuznets.

2/ Les keynésiens, en ne lâchant jamais les mythes de la productivité du travail et de la croissance économique productrice d'emplois et de richesses, sont les complices de la pensée escronomiste. Ils ont beau vouloir mettre la redistribution au service des ressources environnementales et des plus pauvres, ils ont beau tenter de desserrer la contrainte monétaire, ils ne parviennent pas à aller jusqu'à penser la déproductivité et la démarchandisation du système productif.

3/ Les marxistes, en se débarrassant du capitalisme, ne régleront pas notre problème économique s'ils courent eux aussi derrière la productivité. L'importance donnée à la valeur-travail empêche de penser la partie de la prédation du monde due à la mobilisation des ressources productives énergétiques. Les classes laborieuses seraient pourtant capables elles aussi, si on leur en donnait les moyens, de détruire le monde sans exploiter personne.

De plus, tant qu'ils partageront avec les keynésiens le rêve d'une société totalement débarrassée de la pénibilité du travail, ils iront chercher dans la technologie tout ce qui contribue à mettre les ressources rares et le vivant au service des lendemains qui chantent pour les travailleurs, mais qui déchantent pour leur environnement.

4/ Enfin, les schumpetériens sont peut-être les pires, car ils sont convaincus d'apporter, avec le progrès technique, la solution aux limites environnementales qu'ils s'imaginent capables de reculer (exemple : on va se débrouiller pour que les océans absorbent plus de CO_2...). Les innovations sont la solution à tous leurs problèmes, mais ils ne comprennent pas qu'en provoquant un inévitable effet rebond et en étant consommatrices compulsives de ressources énergétiques et de ressources rares, en s'empilant sans jamais se remplacer, les innovations technologiques sont le problème et pas la solution. Dans le meilleur des cas, les innovations permettraient de faire une croissance verte, ce qui est l'ultime escroquerie. En espérant que ce soit la dernière avant l'effondrement de la mécanique croissanciste.

Conclusion
La folie productiviste

C'était trop beau !

Nous étions sur le point de tout avoir. Nous, les habitants des pays les plus industrialisés, avions accumulé des biens et des outils comme aucune société auparavant, donnant au passage au reste de l'humanité l'envie de marcher sur nos pas. Oui, nous avons accumulé tous les moyens nécessaires pour vivre des vies exceptionnelles. Un salaire moyen d'habitant de pays riche permet de contrôler son environnement et de se mettre à l'abri des maladies, de la souffrance, de la fatigue, de la dépression même. Nos revenus nous permettent d'accéder à des biens par milliers, et à de multiples services divertissants et épanouissants. Tout est désormais acquis à l'Homme, contrairement aux prières désespérées de nos aînés.

Mais que peuvent vouloir de plus ceux qui ont déjà tout ? La réponse est simple : qu'on les surprenne une fois encore. La nouveauté est le sel de la vie humaine. C'est elle qui rend chaque jour différent du précédent et qui nous donne envie d'aller jusqu'à demain. C'est humain.

En matière économique, les innovations jouent ce rôle d'aiguillon de nos désirs consuméristes. Les innovations vivent au pluriel, elles vont toujours en troupeau, par grappes, par poignées entières. Des flopées d'innovations sont chargées de nous surprendre et de stimuler nos libidos acheteuses qui se ramollissent chaque jour un peu plus. Car c'est cela, leur utilité fondamentale : nous éloigner de la mort et de l'ennui.

On raconte que le prince d'un royaume anciennement industrialisé, en plein âge mûr, connut une crise existentielle profonde : que faire de plus, que vivre de plus, que découvrir encore, que faire de nouveau quand la vie vous a déjà donné l'occasion de vivre une vie en tout point exceptionnelle ? Les exploits des astronautes de la mission Apollo 11, en 1969, provoquèrent chez lui une admiration irrépressible.

Voilà trois hommes qui faisaient enfin ce que tout le monde devrait rêver de faire : dépasser des limites réputées infranchissables ! Et cela à l'aide d'innovations technologiques dernier cri, des avancées et des derniers progrès de la science, autant de savoirs et de compétences mises au service de la réalisation d'un seul objectif : marcher sur cette bonne vieille lune qui veille sur nous depuis la nuit des temps humains ! C'était trop beau pour être vrai, mais cette fois-ci, la réalité dépassait nos plus vieux rêves de conquête[31].

Le prince, qui fut lui-même pilote d'avion, demanda à rencontrer les trois pionniers de l'espace, avec la ferme intention d'apprendre d'eux ce que ça peut faire de vivre au-delà des limites imposées aux humains ordinaires. Or, l'équipe des jeunes astronautes se révéla extrêmement décevante. Face au prince se présentèrent trois jeunes ingénieurs, de bonne condition physique, qui avaient suivi à la lettre les consignes données par le staff des scientifiques de la NASA afin de permettre à la mission de se dérouler exactement comme il était prévu qu'elle devait se passer. Aucune surprise, aucune nouveauté, aucun questionnement métaphysique. Car il n'y avait rien de métaphysique sur la lune, à en croire les astronautes. Ils avaient fait leur job, c'est tout. En faisant, au passage, ce que font toutes les innovations technologiques : brûler du carburant fossile et des ressources rares pour un objectif futile qui ne sert

---

[31] Michael Collins, le seul des trois astronautes à ne pas avoir posé le pied sur la lune (il « garait » le véhicule dans l'espace, en attendant le retour de ses compères) a déclaré que c'était quand même avant tout le rêve du président Kennedy. Ce qui nous apprend que l'on trouve toujours derrière les innovations la marque très humaine d'un désir de puissance, pour ne pas dire de toute-puissance.

aucunement à améliorer la vie des hommes, des femmes et des enfants de ce monde.

Certes, *"ils ne savaient pas que c'était impossible, alors ils l'ont fait"*. Cet aphorisme de Mark Twain, les entrepreneurs conquérants à la Bernard Tapie en ont tous fait leur credo. Les innovations sont là pour ça : pour offrir des dépassements de limites excitants et enrichissants avec à la clé, autant que faire se peut, des retombées sonnantes et trébuchantes. Les gens ordinaires, vus comme de petits humains aigris et jaloux par ceux qui entreprennent, ont le droit de se consoler en consommant les retombées des innovations, offertes généreusement par le système productif. Ce sont eux, vous et moi en fait, qui permettent de transformer les dernières innovations en efficaces pompes à fric.

Car en réalité, tomber dans le piège de ces innovations vides de sens est un attrape-couillon dans lequel je suis tombé comme vous et comme tant d'autres et avant plein d'autres jeunes consommateurs, plus geeks que moi, ou de *fashion victims* souvent consentantes et pas si victimes que ça. Les innovations nous attrapent tous : elles sont faites pour ça et les escronomistes sont à leur service.

Pourtant, la bêtise qu'il y aurait à en devenir les esclaves n'est rien à côté de celle qui consisterait *à le rester*. Car c'est de notre rapport aux innovations et aux principes dominants de l'économie, que dépend rien de moins que nos conditions d'existence future sur cette fichue planète. Notre écosystème est lui-même assez innovant à sa façon, si on y regarde bien, mais il ne lui est jamais donné de prendre plus que ce qui est nécessaire. Or, c'est en cela que la plupart de nos innovations technologiques sont dangereuses.

Savoir ne pas aller trop loin

C'est ce qu'avait compris le Duc d'Édimbourg, semble-t-il, et c'est ce qui le poussa à se tourner vers la métaphysique. En effet, on raconte que le mari de la reine

Élisabeth II, en sortant de son entretien décevant avec les astronautes, réalisa alors que les limites humaines sont ailleurs que dans les dépassements permis par la science et la technique : elles sont en nous. Il se prit d'amitié pour un prêtre qu'il aida à ouvrir un lieu de réflexions métaphysiques et religieuses, un lieu qui devint l'une des réalisations dont il déclara être le plus fier.

Cette fable a été écrite par Peter Morgan, créateur de la série *The Crown*[32]. Il est fort possible que cette rencontre décevante soit une pure invention du scénariste, et qu'elle serve surtout à faire contraste avec les préoccupations spirituelles du Prince Philip et à valoriser sa foi chrétienne. Car il est vrai que l'on trouve un grand nombre de critiques des innovations technologiques parmi les chrétiens. Le plus connu en France est sans conteste Jacques Ellul, dont les analyses sont d'une actualité brûlante. Ce dernier écrivait en 1977 : *« Laissons de côté la formule qui a bien fait délirer au sujet du "voyage dans la lune" : accomplir les rêves de l'humanité. Il est simplement absurde de croire que les techniciens ont travaillé aux avions parce qu'ils voulaient réaliser Icare !... Il est vrai que parfois il y en a eu un très vague sentiment (traverser les mers, voler, aller dans la lune), mais peut-on dire que l'on retrouve le rêve à l'origine de la radio, l'imprimerie, la poudre à canon.... Cette justification est une annexe poétique, assumée par les techniciens qui ont des lettres. Mais il n'est pas sérieux d'y voir la finalité motrice de la croissance technique ! »* Jacques Ellul ne cachait pas que sa critique des innovations était motivée par des valeurs chrétiennes. Mais peu importe, si ces dernières nous aident à comprendre ce qui ne fonctionne pas dans la pensée technico-économique.

La défense inconditionnelle de la productivité et des innovations technologiques implique la prédation des ressources fossiles et la surconsommation de capital naturel

[32] pour l'épisode 7 de la saison 3.

non renouvelable (et non recyclable sans prédation supplémentaire). Or la technologie, c'est l'application au domaine marchand des progrès de la science. Et les progrès de la science sont justement l'instrument qui a permis aux sociétés occidentales de sortir des ténèbres dans lesquelles des siècles de religion les avaient plongées. Mais alors, prendre parti contre les innovations ne serait-il pas l'assurance de replonger dans les travers des superstitions religieuses, bien incapables, par définition, de prouver rationnellement la pertinence des valeurs qu'elles défendent ? En fait, c'est bien plus complexe que cela.

Car la science, à son tour, a fait l'objet d'une vénération sans bornes. Et l'économie elle-même, qui fait l'apologie des processus de création de valeur pour en mesurer les bienfaits, est devenue une forme de pensée qui est de plus en plus défendue inconditionnellement, mais de moins en moins pour des raisons rationnelles. Même lorsque le bilan des activités marchandes est unanimement considéré comme désastreux, c'est toujours dans la technologie et la croissance économique que l'on cherche les voies de sortie des dégâts de l'activité productive. Un tel aveuglement est d'ordre religieux, pour le moins.

Pourtant, de nombreux critiques des dégâts de la croissance innovatrice n'avancent pas, pour leur part, armés du moindre dogme religieux irrationnel. La grande nouveauté de ce début de XXIe siècle est que les scientifiques eux-mêmes sont les premiers à prendre la tête du cortège des critiques contre les dégâts provoqués par les évolutions scientifiques ! Même si certains d'entre eux sont peut-être portés par une réflexion métaphysique sur le devenir de l'humanité et sur notre rapport à la vie, les scientifiques se réveillent, critiquent les dégâts causés par la science et crient « au feu ! » dans une indifférence de moins en moins générale.

Ainsi, peu importe que l'on vénère la déesse Gaïa, symbole de Mère-Nature, ou la Pachamama, tant que l'on comprend quelle est la nocivité des dogmes dominants de la science économique. Une seule chose est sûre : une fois passé l'âge des innovations prédatrices et destructrices de ressources, une fois entrés dans l'ère de la déproductivité, il nous restera beaucoup à faire, matériellement parlant, et peu de temps pour prier ou être contemplatifs. Nous ne manquerons pas de choses à entreprendre, de ces activités qui rendent chaque jour différent du jour précédent et nous donneront encore l'envie et la possibilité d'aller vers demain. Des activités dont beaucoup, mais pas toutes, seront économiques.

D'ailleurs, l'économie existera-t-elle encore si l'on abandonnait un jour la recherche des gains de productivité ? N'était-ce pas le projet même de la science économique que d'être la *science du calcul de l'efficacité des moyens et du choix des moyens les plus efficaces à mettre en œuvre en vue d'une fin*[33] ? Certes. Mais il n'est pas anti-économique de chercher à faire mieux. Il suffit pour cela de décider que la « fin » de l'économie doit être *que l'on vive mieux*, pas juste *que l'on produise plus*. Ainsi, l'économie ne disparaîtra pas avec la folie productiviste et la faillite des escronomistes. Elle sera juste entièrement à réinventer, depuis le départ.

Et l'on n'a pas deux siècles devant nous pour cela.

---

[33] André Gorz, Éloge du suffisant.

RÉFÉRENCES DES AUTEURS CITÉS

Philippe Aghion, Le pouvoir de la destruction créatrice, Ed. Odile Jacob, 2020

Patrick Artus, Croissance Zéro, Ed. Fayard, 2015

Philippe Bihouix, L'âge des *low tech*, vers une civilisation techniquement soutenable. Seuil, 2021

Jacques Ellul, Le système technicien, (1977), Ed. Cherche-Midi.

Stéphane Foucart, Des marchés et de dieux- Comment l'économie devint religion, Ed. Grasset, 2018

Jean Gadrey, Services : La productivité en question, Ed. Desclée de Brouwer, 1996

James Galbraith, L'Etat-Prédateur, Ed. Seuil, 2009

John K. Galbraith, Les mensonges de l'économie , Ed Grasset, 2004

Jacques Généreux, La déconnomie, Ed. Seuil, 2016

Pierre-Noël Giraud, L'homme inutile. Du bon usage de l'économie, Odile Jacob, 2015

André Gorz, Éloge du suffisant, (1992), PUF 2020.

David Graeber, Dette, 5000 ans d'histoire, Les liens qui libèrent, 2013

Jean-Marc Jancovici et Christophe Blain, Le monde sans fin, Ed. Dargaud, 2021

Steve Keen, L'imposture économique, Les éditions de l'Atelier, 2017

John Maynard Keynes, « Perspectives économiques pour nos petits-enfants », traduit dans La pauvreté dans l'abondance, Coll. Tel, Gallimard, 2002

Bernard Lahire, Enfances de classes – De l'inégalité parmi les enfants, Seuil, 2019

Paul Lafargue, Le droit à la paresse (1880), Ed. La découverte, 2010

Serge Latouche, Cornelius Castoriadis et l'autonomie radicale, Ed. Le passager Clandestin, 2020.

Éloi Laurent, Sortir de la croissance, Les Liens qui Libèrent, 2021

Jacques Le Goff, La bourse et la vie, Coll. Pluriel, Hachette, 2011

Denis & Donella Meadows, Jorgen Randers, Les limites de la croissance (1972 et 2002), Rue de l'Echiquier, 2022

Dominique Méda, Qu'est-ce que la richesse ?, Flammarion, 2015

Baptiste de Monsaingeon, Homo Détritus, Coll. Anthropocène, Ed. La découverte, 2017

Thomas Piketty, L'économie des inégalités, La découverte, 2015

Karl Polanyi, La grande transformation, Ed. Gallimard, (1° éd. 1944)

Antonin Pottier, Comment les économistes réchauffent la planète, Ed. Seuil, Coll. Anthropocène, 2016

Majid Rahnema, Quand la misère chasse la pauvreté, Ed. Babel, 2003.

Jérémy Rifkin, La fin du travail, Ed. La découverte, 2006

Marie-Monique Robin, Sacrée croissance ! La découverte, 2019.

Mickael J. Sandel, La tyrannie du mérite, Albon Michel, 2021.

François Schneider, Denis Bayon, Fabrice Flipo, La décroissance, La découverte, 2012

Joseph Schumpeter, Capitalisme socialisme et démocratie (1942), Ed. Payot, 1990

Adam Smith, Recherche sur la nature et les causes de la richesse des nations (1776), Ed. Flammarion, 2009

Joseph Stiglitz, Le prix de l'inégalité, Ed. Les liens qui Libèrent, 2012

Revue « Marché et Organisations »

Promouvoir la recherche originale sur les relations de plus en plus étroites entre le marché et les organisations. Les acteurs économiques de taille, de puissance et de pouvoir différents dont les intérêts peuvent être convergents, complémentaires ou, le plus souvent, antagoniques, ont tendance à organiser les marchés. La raison du marché, pourtant, est la référence stratégique pour l'entreprise ainsi que pour les institutions publiques de décision économique.

Numéros parus :

N°1 : Artisanat. La modernité réinventée, 2006
N°2 : La petite entreprise, elle a tout d'une grande. De l'accompagnement aux choix stratégiques, 2006
N°3 : Tourisme et Innovation. La force créative des loisirs, 2007
N°4 : Le travail. Formes récentes et nouvelles questions, 2007
N°5 : Les universités et l'innovation. L'enseignement et la recherche dans l'économie des connaissances, 2007
N°6 : Entrepreneuriat et accompagnement. Outils, actions et paradigmes nouveaux, 2008
N°7 : Développement durable des territoires. Economie sociale, environnement et innovations, 2008
N°8 : Développement durable et responsabilité sociale des acteurs, 2009
N°9 : Gouvernance : exercices de pouvoir, 2009
N°10 : Le travail collaboratif. Une innovation générique, 2009
N°11 : Economie sociale et solidaire. Nouvelles trajectoires d'innovations, 2010
N°12 : Relations à la marque et marques de la relation. Regards croisés sur le management relationnel de la marque, 2010
N°13 : Les contrats au service de la recherche ?, 2011
N°14 : Le potentiel économique de l'Afrique subsaharienne, 2011
N°15 : Management de la distribution, 2012
N°16 : Territoire Vert. Entreprises, Institutions, Innovations, 2012
N°17 : Eco-conception, conception et innovation. Les nouveaux défis de l'entreprise, 2013
N°18 : Intelligence économique : entreprises et territoires, 2013
N°19 : La finance globale. Un monde fini, 2013
N°20 : La crise du « développement », 2014
N°21 : La Chine innove. Politiques publiques et stratégies d'entreprise, 2014
N°22 : Go East! Nouvelles Economies de Marché, 2015
N°23 : L'économie du changement, 2015
N°24 : Le temps des artisans. Permanences et mutations, 2015
N°25 : Innovations de proximité et esprit d'entreprise, 2016
N°26 : L'avenir des économies du Maghreb : entre inertie structurelle et envie de rupture, 2016/3 (n° 27)
N°27 : Le sport aux frontières du marché du travail, 2016
N°28 : Dynamiques internationales des entreprises, 2017
N°29 : L'univers du risque, 2017
N°30 : Les petites entreprises dans l'histoire industrielle, 2017
N°31 : Economie sociale et *social business* ? Au défi d'entreprendre et se financer, 2018
N°32 : Éducation et fertilisation des économies africaines, 2018
N°33 : L'entrepreneuriat innovant dans les pays du Maghreb, 2018
N°34 : L'entrepreneuriat scientifique : institutions et innovation, 2019
N°35 : Le champ économique de la culture, 2019
N°36 : Economie sociale et solidaire ? Modèles d'innovation et modes de gouvernance, 2019
N°37 : Rethinking Luxury Business, 2020
N°38 : La santé connectée. Nouvelles technologies et réorganisation des soins, 2020
N°39 : Options stratégiques et systèmes complexes d'innovation, 2020
N°40 : Les services : intégration des systèmes productifs et lien social, 2021
N°41 : Crise pandémique, crise globale. Réalité et controverses théoriques, 2021
N°42 : La crise de la covid-19. Le marché et les organisations en perspective, 2021
n°43 : (Re)faire système. *Bug & reset*, 2022
n°44 : Aléas du marché et management du risque, 2022

Collection « L'esprit économique »

fondée par Sophie Boutillier et Dimitri Uzunidis en 1996

Dernières parutions

► ***Série Economie et Innovation***

B. LAPERCHE, M. LIMA, E. SEULLIET, B. TROUSSE (dir.), *Les écosystèmes d'innovation. Regards croisés des acteurs clés*, 2019.
S. MONNERIE, *L'économie digitale révolutionne le monde. Innovation et total design*, 2019.
T. MICHAUD, *Le projet spatial européen, entre pragmatisme et imagination*, 2020.
J.-P. SCHMITT, N. RAVIDAT, *Management conjoint de la technologie et de la personne. Pour performer et croitre*, 2020.
Y. EL YAHYAOUI, *Economie des plateformes numériques. Captation de la valeur, pouvoir de marché et communs collaboratifs*, 2021.
G. DUTHIL, *Handicap et insertion professionnelle*, 2022.

► ***Série Le Monde en Question***

A. SGHAIER, *La finance islamique. Aspects critiques de la finance conventionnelle*, 2021.
H. AGOURRAME, *La règlementation bancaire internationale. Genèse, évolution et impact sur le « business model » des banques*, 2021.
A. AMINE, C. GALLOUJ, *Consommateurs et pratiques de consommation au Maroc*, 2021.
T. MARINOVA, *Economie sociale et solidaire dans les pays des Balkans. Bulgarie, Roumanie, Serbie : quels enseignements ?* 2021.
T. GARCENOT, *La finance contre le dérèglement climatique. Politiques monétaires et enjeux géopolitiques de la finance verte*, 2021.
A. VALLERAY, *Mondialisation mon amour. Avatars d'une utopie*, 2021.
I. BEN ABDELKADER, *La microfinance dans la région du Moyen-Orient et de l'Afrique du nord (MENA). Aperçu global et enjeux actuels*, 2022.
C. GALLOUJ, *Grande distribution alimentaire au Maroc. Acteurs et stratégies*, 2022.

► ***Série Krisis***

J.-C. MOREL, *La nécessaire valorisation de la richesse ou intégrer le capital humain au bilan*, 2020.
V. LAURE VAN BAMBEKE, *La valeur du travail humain. Essai sur la refondation de l'expression monétaire de la valeur-travail*, 2021.
A. FONTAINE, *L'économie est l'opium du peuple. Une fausse science*, 2021.
A. RODRIGUEZ-HERRERA, Travail, valeur et prix. Reprise et clôture d'un débat centenaire (1885-1985) a la lumière des textes marxiens, 2021.
R. DELORME, *La complexité autrement. Une réponse nouvelle à la pandémie et à d'autres phénomènes sociaux complexes*, 2022.
V. YEFIMOV, *L'ordre social monétaire. L'économie discursive défit le courant dominant et l'économie narrative*, 2022.

► ***Série Clichés***

S. BOUTILLIER, D. UZUNIDIS (dir.), *La Russie européenne. Du passé composé au futur antérieur*, 2008.
R. VOLPI, *La négociation. Pain, paix, liberté*, 2009.

► ***Série Cours Principaux***

G. DUTHIL, *Economie publique et métamorphoses sociales*, 2019.
R. SANTENAC, *Le cycle des crises financières. Une étude approfondie des causes, des impacts et de la fréquence*, 2020.
B. LANDAIS, *Macroéconomie efficace. Croissance et crises*, 2020.
A. MBULI LANDU, *Le memo d'un comptable. Approche par le SYSCOHADA révisé*, 2021.
M. EL KARRIM, *Introduction à l'économétrie appliquée*, 2022.

► ***Série L'économie formelle***

A. EL ALAOUI, *Modèle d'équilibre général calculable. Présentation théorique et application empirique*, 2020.
H. AMAAZOUL, *Responsabilité sociétale des entreprises et performance financière. Étude appliquée aux entreprises marocaines*, 2021.
M. BERTONECHE, *Chroniques économiques de notre temps*, 2021.
E. CARREY, H. LANDIER, *Après la guerre contre la Covid : de l'économie financière a l'entrepreneuriat social*, 2021.
J. LATREILLE, *Sale temps pour l'économie marchande*, 2021.

Structures éditoriales du groupe L'Harmattan

L'Harmattan Italie
Via degli Artisti, 15
10124 Torino
harmattan.italia@gmail.com

L'Harmattan Hongrie
Kossuth l. u. 14-16.
1053 Budapest
harmattan@harmattan.hu

L'Harmattan Sénégal
10 VDN en face Mermoz
BP 45034 Dakar-Fann
senharmattan@gmail.com

L'Harmattan Cameroun
TSINGA/FECAFOOT
BP 11486 Yaoundé
inkoukam@gmail.com

L'Harmattan Burkina Faso
Achille Somé – tengnule@hotmail.fr

L'Harmattan Guinée
Almamya, rue KA 028 OKB Agency
BP 3470 Conakry
harmattanguinee@yahoo.fr

L'Harmattan RDC
185, avenue Nyangwe
Commune de Lingwala – Kinshasa
matangilamusadila@yahoo.fr

L'Harmattan Congo
219, avenue Nelson Mandela
BP 2874 Brazzaville
harmattan.congo@yahoo.fr

L'Harmattan Mali
ACI 2000 - Immeuble Mgr Jean Marie Cisse
Bureau 10
BP 145 Bamako-Mali
mali@harmattan.fr

L'Harmattan Togo
Djidjole – Lomé
Maison Amela
face EPP BATOME
ddamela@aol.com

L'Harmattan Côte d'Ivoire
Résidence Karl – Cité des Arts
Abidjan-Cocody
03 BP 1588 Abidjan
espace_harmattan.ci@hotmail.fr

Nos librairies en France

Librairie internationale
16, rue des Écoles
75005 Paris
librairie.internationale@harmattan.fr
01 40 46 79 11
www.librairieharmattan.com

Librairie des savoirs
21, rue des Écoles
75005 Paris
librairie.sh@harmattan.fr
01 46 34 13 71
www.librairieharmattansh.com

Librairie Le Lucernaire
53, rue Notre-Dame-des-Champs
75006 Paris
librairie@lucernaire.fr
01 42 22 67 13

www.ingramcontent.com/pod-product-compliance
Lightning Source LLC
LaVergne TN
LVHW051355061026
849535LV00009B/3192